봉준호 코드

봉준호 코드

초 판 1쇄 2022년 02월 25일
초 판 2쇄 2023년 07월 26일

지은이 이용철, 이현경, 정민아
펴낸이 류종렬

펴낸곳 미다스북스
총괄실장 명상완
책임편집 이다경
책임진행 김가영, 신은서, 임종익, 박유진

등록 2001년 3월 21일 제2001-000040호
주소 서울시 마포구 양화로 133 서교타워 711호
전화 02) 322-7802~3
팩스 02) 6007-1845
블로그 http://blog.naver.com/midasbooks
전자주소 midasbooks@hanmail.net
페이스북 https://www.facebook.com/midasbooks425

미다스북스는 다음세대에게 필요한 지혜와 교양을 생각합니다.

봉준호 코드

미다스북스

"봉준호에게는 그 누구와도
비교할 수 없는 특별함이 있다."

– 마틴 스콜세지

©김종철

"우리는 봉준호의
디스토피아에 산다."

– 〈뉴욕타임스〉

©김종철

"나쁜 조건에 있으면 더 악에 받치게 되고,
무척 슬프긴 하지만 나는 그게 현실이라는 생각을 한다."

– 봉준호 〈마더〉 인터뷰 중 –

ⓒ김종철

"굳이 불편함을 의도한 건 아닌데, 불편함을 피하기 위해 꿀이나 설탕 같은 걸 바른다면
관객들이 더 화를 낼 거라고 생각해서 솔직하게 마무리 지으려 했다."

– 봉준호 〈기생충〉 인터뷰 중 –

"어두운 세상에서
아주 가끔씩 즐거운 일로
위로를 받는 것이 인생이니까."

– 봉준호 〈마더〉 인터뷰 중

서문

12개의 코드로 읽는

봉준호

2019년은 최초의 한국영화 〈의리적 구토〉가 제작된 후 꼭 100년이 된 해이다. 이 해에 봉준호는 〈기생충〉을 가지고 한국영화로는 최초로, 그토록 염원하던 칸국제영화제 황금종려상을 들어 올렸다. 이 기세를 모아 북미권 배급 성공과 함께 미국 국내 로컬영화제라고 우리 스스로 위안하며 후보에 오르는 것조차 별 기대를 하지 않았던 아카데미시상식에서 작품상, 감독상, 각본상, 국제장편영화상 등 4개 부문을 수상한 전대미문의 기록을 낳았다. 이는 한국영화의 새로운 원년이 시작된 2020년 일이었다.

칸과 오스카를 동시에 가진 감독은 손가락에 꼽을 정도이며 1950년대 이후로 처음이다. 또한 비영어권 영화로 오스카 작품상을 가져간 사례는 오직 〈기생충〉뿐이다. 칸과 오스카는 영화 비즈니스 업계 사람들의 로비 각축장이며, 인종적, 정치적, 경제적 이해관계가 다양하게 섞였지만 백인 중심 잔치이다. 이런 상황에서 영화적으로나 정치적으로 여전히 변방의식을 떨쳐버리지 못하고 자조하고 있던 한국인에게는 〈기생충〉 사건은 "세상에 이런 일이"류의 충격으로 다가왔다. 〈기생충〉은 21세기에 진입하고 한참 후인 2019년부터 한국사회의 거대한 신드롬이 되었고, 세계는 이 영화와 감독을 주목하며 한국문화를 주류로 끌어올렸다.

〈기생충〉 현상은 한국인에게는 민족적 자부심이면서 동시에 글로벌 층위에서 달라진 문화적 수용의 양태를 경험케 했다. 디지털 네이티브가 문화를 주도하며, 이들의 글로벌, 다문화에 대한 개방의식은 디지털 네트워크 안에서 적극적으로 반응한다. 이들이 창출해내는 수행성의 문화소비는 오스카 투표인단을 설득하였고, 그들로 하여금 〈기생충〉을 다시 보게 하였다. 이는 지금 이 시대에 이례적 사건이며 하나의 새로운 문화현상이다. 〈기생충〉과 봉준호는 한국적 자부심이면서 새로운 글로벌 문화 스탠더드로 떠올랐다.

금의환향한 봉준호가 청와대의 초청을 받고 환하게 웃은 그날, 코로나19가 전 세계를 덮치며 팬데믹을 선포했고, 〈기생충〉 신드롬은 더 이상 유지할 수가 없이 새로운 시대로 접어들었다. 어쩌면 〈기생충〉의 화려한 부상과 급속한 꺼짐은 뒤늦게 찾아온 21세기 뉴노멀의 하나의 상징처럼 보인다. 세상은 언택트의 고립된 환경으로 갈 수밖에 없었고, 극장영화의 시대가 저물면서 스트리밍 영상 시대가 문을 열고 그 새로운 문 안으로 〈오징어 게임〉과 〈지옥〉이 찬란히 중심 무대로 올라섰다.

바야흐로 뉴노멀의 신작가주의, 뉴팬덤의 시대다. 〈기생충〉이 가진 심오한 상징과 은유의 영상언어는 전문 비평가에게는 해석의 욕망을 불러일으키고, 씨네필에게는 새로운 변주의 스토리텔링을 창출케 하면서 전문가와 팬의 경계를 허물었다. 또한 한국문화와 글로벌 문화의 경계, 레거시 미디어와 디지털 개인 플랫폼의 경계, 블록버스터 산업과 작가주의의 경계를 무너뜨리며 봉준호는 가장 글로벌한 한국의 작가예술가로 우뚝 섰다.

뉴노멀, 신작가주의, 뉴씨네필, 글로벌/로컬, 그 한 가운데 봉준호라는 기표가 있는 것이다. 매우 비관적인 영화가 화려한 해석의 매트 릭스 장에서 열렬한 환호를 자아내면서 21세기를 대표하는 아트영화 가 되고, 봉준호가 글로벌 차원에서 작가주의와 영화 비즈니스를 화 학적으로 결합할 구세주처럼 호출되는 상황이 기이하고 낯설다. 그 러면 봉준호라는 영화예술가가 궁금해진다. 이제 그의 영화 유니버 스를 꼼꼼히 들여다볼 차례다.

봉준호는 〈살인의 추억〉과 〈괴물〉로 국내에서 흥행감독의 입지를 단단히 한 후, 〈마더〉로 세계예술영화계에 얼굴을 내밀었고, 〈설국열 차〉와 〈옥자〉로 할리우드와 손을 잡으며 세계적으로 팬을 모으는 감 독이 되었다. 장르, 예술, 박스오피스, 작가, 블록버스터, 정치성 등 여러 개념들이 유기적으로 조화를 이루는 이런 감독이 현대에 몇 명 이나 존재할까? 세계영화계는 장르 틀 안에서 관객친화적이면서도 자신만의 예술적 스타일이 확고하고, 그 안에 사회적, 정치적인 메시 지를 포함하며, 분석에 따라 다양한 의미가 산출되는 그런 감독을 발 견하고 추앙한다. 영화가 감독의 예술이라는 고전적 명제를 따를 때, 현재 고전적 의미에서 작가감독이라고 명명할 수 있는 자들은 그리 많지 않다.

2000년 〈플란다스의 개〉에서 2019년 〈기생충〉까지 20년간 7편의 장편을 연출한 봉준호의 영화세계에는 어떤 일관성이 발견된다. 그는 역사성과 시대성의 화두를 장르 비틀기 형식 안에서 효과적으로 오락화함으로써 상업성과 의미화의 두 가지 층위를 모두 선취한다.

〈플란다스의 개〉는 명랑만화, 〈살인의 추억〉은 스릴러, 〈괴물〉은 재난영화, 〈마더〉는 필름누아르, 〈설국열차〉는 액션영화, 〈옥자〉는 동화, 〈기생충〉은 블랙코미디를 변용하여 비트는데, 이 장르적 비틀기는 스타일과 재미의 차원을 넘어서서 영화와 사회, 영화와 역사에 대해 발언하는 중요한 형식적 틀이다.

일명 '봉준호 월드'라는 것은 장르 안에서 개척하고, 변주하고, 새롭게 재구성하는 역사적 기억과 정치적 논평이다. 한편한편 봉준호 영화를 분석하는 수많은 리뷰, 비평문, 논문, 책이 있다. 혹은 어떤 키워드를 가지고 몇 편의 영화들을 엮거나, 봉준호 영화와 다른 감독들의 작품 세계를 비교 분석하는 비평문도 산재한다.

그러나 이 책은 이전에 발표된 글들과 접근 방식을 달리하였다. 7

편의 작품을 하나의 일관된 전집으로 보면서 작품 한 편마다가 아니라 봉준호 월드 안에서 몇 가지 핵심 키워드를 선정하여, 이것이 영화 안에서 어떤 방식으로 코드화되어 있고, 관객은 그 코드를 어떻게 받아들이고 있는지 조목조목 살펴본다.

그리하여 선정된 12개의 코드가 엄마, 소녀, 노인, 하녀, 계단, 비, 돈, 자연, 먹기, 달리기, 섹스, 바보짓이며, 이 12개 코드를 사람, 이미지, 행위로 다시 묶었다. 이 12개의 코드에 포함되지 않아도 봉준호 영화에 꼭 포함되어 해석해야 할 여지가 있는 단어들도 많지만, 봉준호 월드를 이해하는데 필수적인 12가지를 우선적으로 꼽았다.

이 책은 이전에는 시도하지 않았던 한 작가감독의 영화세계를 이해하는 새로운 방식이 될 것이다.

세 명의 영화평론가가 모여 함께 구상하고, 공부하고, 분석했다. 과거와 현재 한국영화의 흐름, 한 작품이 거대한 영화역사 안에서 차지하는 위치, 디지털 시대의 시네마의 향배 등에 관심을 가지고 평론과 연구활동을 하고 있는 세 평론가가 합심했다.

1. 〈엄마〉

봉준호 영화에서 엄마는 매우 미스터리한 존재다. 특히 〈마더〉에서 엄마는 '엄마'도 '어머니'도 아닌 낯선 이미지를 갖고 있다. 표면적으로는 강한 모성애를 발휘하는 것처럼 보이나 실은 모든 사건의 기원이 엄마에게 있는 문제적인 인물이다.

2. 〈소녀〉

이 장은 봉준호 영화에서 두 가지 유형의 소녀가 등장하는 것에 대해 비평한다. 7편의 영화에는 모두 소녀가 등장한다. 이 소녀들은 미래의 주체이거나 희생의 대상이 되거나 한다. 끝내 살아남거나 사라지는 두 유형의 소녀는 주인공이든 보조적 인물이든 봉준호 서사에서 중요한 역할을 한다. 사라지거나 살아남은 소녀가 가지는 징후는 무엇인지 분석한다.

3. 〈노인〉

변희봉이라는 배우가 봉준호의 영화에서 맡아온 '시니어'의 역할이 매번 실패로 끝나는 것에 대해 익살맞게 접근한다. 행위의 실패와 진실의 은폐를 연결하는 분석에 시니어라는 존재를 직접 비판하려는 의도는 없다. 오히려 시니어라는 단초를 통해 봉준호가 지지하는 세계가 어떠한 것인지 우회해서 알아본다.

4. 〈하녀〉

봉준호가 영향을 받았다고 밝힌 김기영의 〈하녀〉를 비롯해 영화 역사에 등장한 여러 하녀/하인을 호명한다. 옥타보 미르보의 〈어느 하녀의 일기〉가 품은 혁명성이 그런 영화에서 폭발해 온 반면, 〈기생충〉의 하녀/하인은 왜 유쾌한 즐거움을 잃어버리고 우울증에 빠지게 되었는지 확인한다.

5. 〈계단〉

계단 시네마는 봉준호가 영화역사에 바치는 오마주다. 이 장은 계단이 중요한 모티프가 된 영화들을 제시하고, 도덕의 장소이자 위반의 장소를 가르는 계단이 어떻게 장르적 전환을 꾀하는 도구가 되는지를 분석한다. 봉준호 영화의 계단에서는 왜 항상 미끄러지는지 그 의미를 찾으며, 그것이 우리 사회의 단단한 계급구조 및 위계질서를 위반하는 전환의 메타포임을 읽는다.

6. 〈비〉

〈살인의 추억〉, 〈마더〉, 〈기생충〉 등 봉준호 영화에서 비는 서사의 결정적인 국면에서 변화를 암시하는 장치로 쓰인다. 비에 대한 분석도 그동안 많지 않았기에 통시적인 관점에서 되짚어 볼만한 소재다.

7. 〈돈〉

의외로 봉준호 영화에는 돈에 관한 언급이 자주 등장한다. 그것도 구체적인 액수로 대사에 나오곤 한다. 자본주의 사회에 대한 비판적 의식을 가지고 있는 감독답게 돈, 물질의 문제에 민감할 수밖에 없을 것이다. 단, 그의 영화에서 돈이 언급될 때는 항상 희화화된 장면에서 슬쩍 지나가는 경향이 있다.

8. 〈자연〉

〈플란다스의 개〉에서 여성과 남성에게 주어진 자연스러움과 부자연스러움이라는 성격이 이후 영화에서 어떻게 전개되는지 따라가본다. 여성과 자연에 가해지는 폭력과 오염, 그리고 그것이 안겨주는 통증의 기원을 〈마더〉의 '훼손당한 마더네이처'에서 발견한다.

9. 〈먹기〉

〈플란다스의 개〉와 〈살인의 추억〉의 카니발리즘이 사회 시스템 안에서 인간관계를 어떻게 해석하는지 질문한다. 먹고 먹히는 행위에 계급적인 성격을 부여한 상상은 봉준호의 전작을 거쳐 〈기생충〉의 파티장에서 벌어지는 클라이맥스까지 이어진다. 입 내부에서 부드럽게 씹히는 음식은 굳건한 시스템을 상징하는 것이기도 하다.

10. 〈달리기〉

봉준호 영화에서 인물들은 쫓고 쫓기며 질주한다. 영화의 속도감을 위한 액션이라는 것은 표면적 의미일 뿐이다. 봉준호 영화에서 달려서 얻는 것은 없다. 텅 빈 기호가 되어버리는 달리기는 맹목적으로 달려왔던 역사의 흔적이며 불안의 상징이다. 이 장은 봉준호의 달리기가 역사적, 사회적, 정치적으로 어떤 의미를 가지는지 분석한다.

11. 〈섹스〉

봉준호 영화에서 섹스 신은 거의 등장하지 않는 편이다. 〈마더〉, 〈기생충〉에 등장하는 섹스 신마저도 훔쳐보는 방식으로 제시된다. 하지만 그의 영화들을 뜯어보면 섹스에 대한 많은 암시가 곳곳에 숨겨져 있다. 그동안 봉준호 영화에서 별로 주목하지 않았던 섹스라는 소재를 파헤치다 보면 숨겨진 그의 영화적 세계를 발견할 수 있을 것이다.

12. 〈바보짓〉

봉준호 영화는 바보 캐릭터 때문에 더 재밌어진다. 그러나 바보의 우스꽝스러운 행동과 말에는 세상이 있고 진실이 보인다. 그 말을 알아듣지 못하는 건 우리의 문제다. 이 장은 점점 계획 없는 바보가 많아지는 세상에 바보 캐릭터가 만들어내는 서스펜스 효과를 분석한다.

『봉준호 코드』는 봉준호 영화의 의미를 심도 깊게 알고자 하는 독자, 봉준호 영화를 안목 있는 세계예술영화인들이 그토록 지지하는 이유가 궁금한 독자, 영화 텍스트의 심층분석 방법론을 공부하고자 하는 독자, 학술적·비평적 의미로 봉준호 영화를 이해하고자 하는 독자들을 아우를 저작이며, 무엇보다도 봉준호 영화를 사랑하는 애호가와 마니아에게 호소한다. 그러나 봉준호 영화가 더 진화하기를 바라며 그의 영화의 허점까지 꿰뚫고 싶어 하는 독자에게도 유용한 책이 될 것이다.

이 책은 봉준호 감독 개인을 찬양하거나, 봉준호 월드의 아성을 단단히 쌓기 위한 작업이 아니다. 그가 압축적으로 성장한 한국 자본주의가 만들어낸 부조리를 코믹한 시선과 진지한 대안을 섞어 어떻게 자신의 창작물에 훌륭하게 담아내고 있으며, 그 위에 그의 영화가 한국이라는 공간지정학에서 어떤 인류학적 기록물로서 의미를 가지게 되는지를 탐색한다. 또한 인류 보편의 시각에서 그려내는 가부장제와 자본주의 비판의 심오한 의미를 날카롭게 꼬집는다.

코드로 한 감독의 작품 전체를 읽는 작업만이 아니라 어떤 장르를 코드로 읽는 작업도 가능하다. 어쩌면 한 명의 배우, 하나의 트렌드, 어떤 리그를 코드를 선별하여 분석하는 방법도 있다. 봉준호 영화로 시작된 코드 시리즈는 이후로도 계속될 것이다.

2022년 2월, 이용철, 이현경, 정민아

목차

봉준호 코드

Bong Joon Ho Code

- 사람 -

엄마

01

부재할 때
명확하고

존재할 때
미스터리한

엄마들

이현경

봉준호 영화에 엄마가 있었나? 돌이켜 보면, 〈마더〉의 기이한 엄마밖에는 생각이 나지 않는다. 뭐, 오죽하면 '엄마/어머니'도 아니고 제목을 '마더'라고 했을까? 한국적인 유형의 엄마에는 도무지 어울리지 않으니 적당한 거리감도 두고 엄마라는 의미도 담을 수 있게 영리하게 지은 제목이라고 생각한다. 그리고 제목에 걸맞게 독특한 한국적 웰메이드 스릴러 영화를 만들었다. 개인적으로 봉준호 감독 영화 중 가장 수작이라고 생각하며, 한국 영화사에 등장하는 가장 문제적인 엄마 중 하나라고 평가한다. 아마도 감독이 품고 있는—실제 개인 사라기보다— 엄마에 대한 표상을 극단적으로 밀어붙인 게 아닐까 싶

다. 감독 자신은 엄마에 대한 특별한 억압이나 반감은 없었을지도 모르겠다. 그렇다 하더라도 그가 그려낸(혹은 생략한) 엄마들을 보면 여자에 대한 복잡한 심경을 갖고 있다고 추론된다. 함부로 말하기 어려운 부분이지만 봉준호 감독은 여자랑 인간관계를 맺는 데 서툴거나 어쩌면 여러 차례 고배를 마셨던 게 아닐까 상상해본다. 봉준호 영화를 가만히 보면 평범하거나 달달한 남녀 관계가 거의 없다. 〈살인의 추억〉에서 박두만 형사와 야매로 주사를 놓아주러 다니는 설영이 연애를 하고, 프롤로그를 통해 결혼도 했다는 걸 알 수 있지만 처음부터 한 10년 산 부부처럼 행동할 뿐 아기자기한 분위기 같은 건 전혀 없다. 섹스를 할 때조차도 "빠진 거 같은데, 잘 좀 해봐." 이런 대사를 주고받는다. 봉준호 영화에서 여자관계는 엄마와의 관계 속에 포섭되는 작은 부분에 불과하다.

이율배반적 엄마가 불러온 참사

〈마더〉의 엄마는 참 이상하다. 좀 모자란 아들이라서인지 한약재 써는 작두에 자기 손 끝이 잘려 나가는 것도 모를 정도로 아들에게만 정신이 팔려 있다. 그렇지만 이 엄마는 미스터리하다. 독극물을 넣은 박카스 병을 다섯 살 아이에게 건넬 정도로 이율배반의 성격을 갖고 있다. 아빠가 누군지도 모르고 어디서 그 동네로 흘러들어 온지도 모르는 소위 근본 없는 싱글맘이다. 홀로 어린 아이를 키우기 너무 힘들었을 것이고 그래서 같이 죽자는 충동적인 행동을 할 수 있다. 하지만 영화에서 도준이 갑자기 기억해 낸 그날의 사건은 왠지 아이만 죽이려고 했던 것이 아닐까 의심이 들기도 한다. 지능이 모자란 도준의 기억과 설명에 큰 신뢰를 갖기는 어렵지만 자식을 죽이려 했던 엄마가 이제는 자식을 끔찍이 아끼는 엄마로 변신한 것이다. 영화의 결말에 이르면 자식을 위해 살인을 저지르고 참담한 모든 기억을 잊기 위해 자신의 허벅지에 스스로 침을 놓는다.

도준의 엄마는 아들이 여자랑 만나거나 성적으로 관계를 맺는 것을 막는다. 닭백숙에 넣은 한약재가 정력에 좋다는 말에 도준이 관심을 보이자 "우리 아들 정력 어따 쓰게?"라고 묻는다. 도준이 "여자, 여자랑 자야지."라는 답에는 "여자? 잤단 봐라."라며 쐐기를 박는다. 엄마 눈에 모자란 아들이 꽃뱀한테 걸리기라도 하면 어쩌나 걱정해서 하는 말처럼 들리지는 않는다. 매일 보약 사발을 챙겨서 안 먹겠다는 아들을 뒤쫓아 나가서 기어이 먹이려는 엄마는 아들이 도로변 벽에 소변을 보는 순간 입에 약사발을 들이붓는다. 그러면서 소변을 보는 아들의 아랫도리를 쳐다보는 기이한 장면이 있다. 소변 줄기가 시원치 않은지 걱정되어서 본다고 하기에는 도저히 설명이 되지 않는 이상한 행동이다. 아들 입에 들어간 보약이 오줌 줄기가 되어 하수구로 흘러가는 메타포를 한 화면에 담은 미장센이 압권이다. 결국 이 엄마의 모든 교육은 아들에게 아무 쓸모가 없었고 더 나아가 사람을 죽이는 구실이 된 것이다. "누가 한 대를 치면 너는 두 대를 쳐라."라는 엄마의 가르침대로 도준은 여고생이 던진 돌멩이에 대한 응답으로 커다란 돌덩이를 던져버렸고 결국 여고생을 죽였다.

부재하는 엄마의 자리에 들어선 괴물

〈괴물〉에는 엄마가 없다. 강두의 아내이자 현서의 엄마는 일찌감치 집을 나가버렸고, 희봉의 아내이자 강두의 엄마도 일찍 세상을 떠나버렸다. 이 가족은 2대에 걸쳐 엄마 없이 아버지가 아이를 키우고 있다. 아버지가 운영하는 한강 매점에서 허드렛일을 하는 강두는 매일 졸다가 손님이 시킨 구운 오징어 다리를 슬쩍 하나씩 떼어 먹고 딸

휴대폰 사준답시고 동전을 뻥땅쳐서 컵라면 통에 모으는 좀 모자란 인물이다. 〈마더〉의 도준이 사고 쳐서(아버지 희봉의 표현대로) 일찌감치 애를 낳았으면 아마 이런 모습의 아빠가 되었을지도 모르겠다. 〈괴물〉에서 엄마 이미지는 한강에 등장한 돌연변이 괴물에게서 찾을 수 있다. 흉측한 괴물의 입은 전형적인 '이빨 달린 질'을 연상시키며 거기서 흘러나오는 끈적끈적한 액체는 크리스테바가 말하는 비체로서 여성의 상징인 점액질에 상응한다. 괴물은 한강변 으슥한 곳에 위치한 음습한 동굴 같은 곳을 아지트로 삼아 서식하고 있다. 괴물이 먹어치우는 모습과 소화시키고 남은 뼈를 토해내는 모습은 범박하게 말하자면 출산의 이미지와 연결된다.

엄마의 부재는 〈옥자〉, 〈설국열차〉에도 계속 이어진다. 깊고 산골에서 할아버지와 살고 있는 미자는 엄마도 아버지도 없다. 부모의 사연은 나오지 않아서 정확히 알 수는 없지만 어려서부터 계속 첩첩산중에서 자연의 아이로 자라났고 이제는 이차 성징이 나타날 나이가 되었다. 〈옥자〉의 주된 서사가 글로벌 기업 미란도에서 실시한 '유전자 조작 슈퍼 돼지 키우기 10년 프로젝트'가 끝날 시점에서 미자가 10년 동안 키운 돼지 옥자와 강제 이별하게 되자 미국까지 가서 옥자를 구해온다는 것이다. 옥자는 사람은 아니지만 옥자 역시 유전자 조작으로 태어난 돼지이므로 상식적 의미에서 엄마 돼지는 없는 셈이다. 미자는 결국 옥자와 다른 새끼 돼지 한 마리까지 구해서 산골 집으로 돌아와 할아버지와 다시 행복한 생활을 이어간다는 것이 영화의 결론이다. 극단적으로 말해, 할아버지와 돼지 두 마리밖에 없는 산골에서 계속 살아간다면 미자도 엄마가 될 수 없다.

〈설국열차〉에도 엄마의 부재는 여전하다. 크로놀 중독으로 수면 감옥에 갇혀 있던 남궁민수와 요나는 꼬리 칸 사람들의 반란에 필요한 존재라서 깊은 잠에서 깨어나게 된다. 요나의 엄마는 아마도 지구가 빙하기로 접어드는 대재앙 시기에 사망한 것으로 추정되는데 확실히 알 수는 없다. 설국열차 안에는 임산부와 아이들은 존재하지만 결혼제도 같은 것은 없는 게 아닐까 싶다. 부부로 보이는 커플도 없고 가족이 함께 사는 공간도 보이지 않는다. 철저하게 개체 수를 조정하고 계급에 따라 차등 대우를 받는 규율이 엄격하게 적용되는 효율적인 공간 구성이 존재할 뿐이다. 모성애라는 개념은 과거의 유물처럼 취급되고 있어 보인다. 꼬리 칸에 사는 소년 타미의 엄마만이 유일하게 모성애에 부합하는 행동을 하는데 설국열차 안에서 그녀의 행동은 주제넘은 짓으로 보인다. 방긋방긋 웃으며 아이들에게 부활절 달걀을 나누어주던 임산부 유치원 교사가 기관총을 꺼내 난사하는 장면에서는 임신과 출산이 빙하기 이전과는 다른 개념이라는 생각이 든다. 임산부가 총질을 해도 이상할 것이 없는 세상, 거기가 바로 설국열차다.

팔루스적 아내와 미스터리한 엄마

〈플란다스의 개〉에서 윤주는 아내에게 얹혀살고 있다. 대학에서 시간강사를 하고는 있지만 그건 용돈 벌이 정도이고 직장에 다니는 아내 대신 집안일을 하면서 어떻게 하면 교수가 될 수 있을까 고민하며 사는 인간이다. 만삭에도 직장에 다니는 은실은 대학 후배인 윤주를 아이 취급한다. 흔히 아버지들이 하는 "돈 벌기가 얼마나 힘들지 알아?" 이런 말이 은실의 입에서 나온다. 입덧 때문에 입맛이 없다며 검은 비닐에 호두를 한가득 사온 은실은 저녁 대신 먹을 테니 호두를 까라고 시킨다. 대학 동기 모임에 나가야 하는 윤주는 이걸 언제 다 까느냐고 징징대지만 은실은 단호한 태도로 다 까기 전에는 나갈 생각도 하지 말라고 명령조로 말한다. 부엌 바닥에 앉아 호두를 깨는 윤주와 식탁에 앉아 유리잔에 담긴 호두를 먹는 은실은 위치만 보아도 상하관계라는 것이 한눈에 보인다.

　퇴직금으로 윤주의 교수 임용 청탁 비용을 마련하기 위해 직장을 그만둔 은실은 개 한 마리를 사온다. 그런 사연이 있는 줄 몰랐던 윤주는 개까지 돌봐야 하는 자신의 처지가 너무 화가 나서 무성의하게 개를 다룬다. 윤주는 개를 잃어버리고 은실의 불호령이 떨어지자 이제는 개를 찾으러 사방팔방 뛰어다닌다. 〈플란다스의 개〉는 성가신 개들을 유괴해 죽이던 윤주가 자신의 개를 필사적으로 추적하는 이야기다. 남의 개는 죽이고 자기 개는 죽자 살자 찾아다닌다는 설정도 코믹하지만, 말하자면 아버지 퇴직금을 받아야 하는 아들이 아버지 비위를 거스르지 않기 위해 네 발로 기어라도 다닐 판처럼 보여서 서글프기도 하다. 윤주가 만삭인 은실의 배를 쓰다듬는 장면이 있긴 하지만 이 부부에게 에로틱한 느낌은 거의 없다. 생계를 책임지는 가장과 철없는 아들의 관계처럼 보인다.

　봉준호 감독의 최근작이자 전 세계의 주목을 끌었던 화제작 〈기생충〉에는 전작들을 생각하면 신기하게도 엄마가 여럿 등장한다. 우선, 기택의 아내가 있다. 팬티만 입고 속살을 벅벅 긁는 남편을 발로 차며 함부로 대하기는 하지만 그런대로 사이는 나빠 보이지 않는다. 세상 풍파에 좀 거칠어진 전형적인 아줌마 정도의 캐릭터이다. 박 사장네로 들어가면서부터는 우아한 집사로 변신하여 놀라운 능력을 발휘하지만 그 전까지는 속옷 바람으로 피자 박스를 접는 무식한 아줌마처럼 보인다. 기택네의 음모로 쫓겨난 이전 집사 문광과 근세는 부부지만 문광은 근세에게 엄마와 같은 존재다. 박 사장네조차도 모르는 비밀 지하 공간에 근세를 숨겨놓고 먹을 것을 공급해 주던 문광은 느닷없이 쫓겨나게 되자 근세의 존재를 알릴 수가 없어 박 사장네가 캠핑을 떠난 날 찾아온다. 주인 없는 집에서 양주에 온갖 안주를 펼쳐 놓고 백일몽을 펼치던 기택 가족은 문광의 방문에 깜짝 놀라고 근세의 존재를 알게 된다. 며칠 동안 굶은 근세에게 문광은 젖병을 물려주며 아기 달래듯 등을 쓸어준다. 굶주렸다 음식을 먹으면 체할 수 있으니 젖병에 담긴 우유로 우선 속을 달래게 하려는 행동이지만 이 모습은 문광과 근세가 부부이면서 모자관계 같다는 것을 시사한다.

〈기생충〉에 나오는 가장 문제적 엄마는 "영 앤 심플"한 연교다. 부잣집에서 구김 없이 자라서 기택 아내 말처럼 "아주 다리미로 다린" 듯 근심 걱정이라곤 없는 아름다운 안방마님이다. 근심이라면 막내아들 다송의 정서불안 증세가 유일할 정도다. 다송은 한밤중에 음식을 먹기 위해 몰래 부엌으로 나오는 근세를 보고 놀라 경기를 일으킨 이후 정신적 트라우마가 생겨버렸다. 근세의 존재를 모르는 동익과 연교는 다송이 헛것을 본 것이라고 생각하고 있다.

남편과 사이도 좋고 성품도 싹싹하고 인심도 후한 연교는 알고 보면 꽤 발칙한 편이다. 대사 등을 통해 짐작할 수 있는 연교는 과거 젊은 시절 마약을 복용했던 이력이 있는 듯 보이고, 결혼 생활 중에는 아이들 가정교사와 성적인 관계가 있던 것으로 짐작된다. 교양 있고 싹싹하지만 연교는 전통적인 엄마의 모습과는 거리가 멀다. 대중 매체에 등장하는 젊은 사모님이라고 하기에도 일반적이지는 않다. 〈마더〉의 혜자와 정 반대쪽에 놓으면 교묘하게 어울리는 한 쌍이 될 거 같기도 하다. 남편도 없이 불법 침술 행위를 하며 힘들게 아이를 키

워온 혜자는 아들 때문에 사는 사람처럼 행동하지만 결국 아들을 살인자로 만들고 스스로도 살인자가 된다. 연교는 아이들 교육과 가정 살림을 위해 적재적소에 필요한 사람들을 고용해서 잘 부리며 현모양처 같은 얼굴로 살아가고 있다. 제대로 된 음식 하나도 할 줄 모르지만 최고급 식재료를 쇼핑해 올 능력이 있고 무엇보다 자신의 미모를 최상급으로 가꿔 남편의 트로피 역할을 제대로 하고 있다. 그러나 결론은 남편과 아들을 쇠꼬챙이에 찔려 죽게 만든다. 살인을 교사한 건 당연히 아니지만, 물난리가 나서 온통 난리인 시국은 아랑곳하지 않고 아들 생일 파티를 한다고 사람들을 불러 모았으니 난장을 스스로 마련한 셈이다. 귀하다는 산수경석을 놓고 기우와 근세가 치고받게 만들고 마침내 근세의 분노가 폭발할 자리를 마련한 것이다. 봉준호 영화에서 엄마가 부재하는 경우가 많지만 일단 존재할 경우 그들은 살아남는다. 〈마더〉는 혜자가 모든 것을 잊어버리는 침 자리에 스스로 침을 놓고 갈대밭에서 춤을 추는 모습으로 끝이 나고, 〈기생충〉에서 충숙은 무사히 살아남아 그 전처럼 살아가고 연교는 생사불명이나 살육의 현장에서는 빠져나갔다. 즉, 봉준호 영화에서 아내나 엄마는 따뜻하고 헌신적인 모습과는 거리가 멀다. 설령 헌신한다고 해도 그 헌신의 결과는 파국을 불러올 뿐이다.

봉준호 영화에서 아내나 엄마는 따뜻하고 헌신적인 모습과는 거리가 멀다.

설령 헌신한다고 해도 그 헌신의 결과는 파국을 불러올 뿐이다.

소녀

02

소녀가

세상을
구원하리

정
민
아

봉준호의 페르소나로 많은 이들이 송강호와 변희봉을 꼽는다. 〈기생충〉과 〈옥자〉로 인해 최근에는 여기에 최우식을 포함하기도 한다. 봉준호는 자칫 어떤 의심을 낳는다. 그는 현실감 넘치는 남자 주인공과 치밀한 서사구조, 그리고 해석의 즐거움을 주는 디테일 배치를 통해 자본주의와 세계를 알레고리화 한다. 그리하여 역사를 남성화하며 여성을 주변부로 밀어버린다는 의심이다.

봉준호 영화에서 대개 엄마가 부재하고(〈살인의 추억〉, 〈괴물〉, 〈설국열차〉, 〈옥자〉), 아버지와 아들 관계가 중심이 되며(〈살인의 추억〉, 부분적으로 〈괴물〉, 〈기생충〉), 여성 신체를 대상화한다는 점(〈살인의 추억〉, 〈마더〉)에서 비판할 거리가 있음을 몇몇 평자들이

지적해왔다. 부분적으로 옳고, 부분적으로 부당한 이와 같은 의심 아래, 고결한 모성 신화를 깨는 〈마더〉와 각기 다른 계층과 세대에 속한 여성들의 대비가 조화롭게 빛난 〈기생충〉은 봉준호가 여성을 틀에 가두지 않고 입체적으로 그리는 감독임을 입증한다.

그런데, 엄마 혹은 성인 여성이 아니라 그의 영화에는 늘 소녀들이 있었다는 점이 간과되곤 한다. 봉준호 영화에서 소녀가 주변화되거나 대상화되었던가 하면, 반대로 행동과 사건의 적극적 주체로 그려진 일도 많다. 소녀들을 통해 봉준호 영화는 무엇을 말하고 있으며, 영화 속 소녀 재현은 어떤 방향으로 가고 있는지, 이 글은 키워드 '소녀'를 가지고 봉준호 영화를 가로질러 횡단해보려고 한다.

두 가지 유형의 소녀

봉준호 데뷔작 〈플란다스의 개〉의 주인공은 고등학교를 막 졸업한, 소녀티가 가시지 않은 여성이다. 질끈 묶은 머리, 노란 운동복이 어색하지 않은 젊은 여성 현남(배두나 분)을 소녀라고 보는 게 더 어울릴 것 같다. 새로운 빙하기 이후 노아의 방주처럼 생존자를 태운 기차가 끝없이 지구를 달리는 묵시록적 SF 〈설국열차〉에서 과학자 아버지와 함께 탈출과 혁명을 꿈꾸는 소녀 요나(고아성 분)는 끝내 살아남아 북극곰을 목격한다.

〈옥자〉의 산골소녀 미자(안서현 분)는 자매처럼 자란 슈퍼 자이언트 돼지 옥자를 되찾기 위해 우여곡절로 가득한 여행을 마치고 무사히 고향으로 귀환한다. 세 영화의 소녀들, 현남, 요나, 미자는 각각 부조리한 사회에 파열음을 내는 균열의 모티프, 망해버린 지구와 생명이 되살아날 희망의 모티프, 자본주의가 가져온 피폐해진 인류와 자연의 대안으로서의 모티프이다. 이 소녀들은 모두 미래세계의 대안 주체로 그려진다.

반면, 〈괴물〉에서 한 가족이 사건 한가운데로 들어가게 되는 이유는 중학생 딸 현서(고아성 분)가 괴물에게 납치되었기 때문이다. 이때 소녀의 존재는 등장인물들이 행동하게 하는 추동력이 된다. 〈살인의 추억〉에서 빨간 옷을 입은 여러 명의 여성들이 시신으로 등장하지만 이들에게는 서사가 없다. 예외적으로 중학생 소녀 소현(우고나 분)만 독자적 캐릭터와 자기만의 서사를 가진다. 따라서 소현은 서태윤 형사(김상경 분)의 감정적 전환을 끌어내면서 극의 전환을 가져오는 플롯 포인트가 된다. 또 한 명의 소녀(정인선 분)는 영화 마지막 장면에 잠깐 등장하여 박두만 형사(송강호 분)에게 큰 각성을 준다.

〈마더〉에서 대낮 주택가 2층 난간에 전시되듯 널어진 시신으로 등장한 소녀 문아정(문희라 분)은 주인공 혜자(김혜자 분)가 아들 도준(원빈 분)의 범죄 사건 경위를 풀기 위해 추적하는 대상이다. 〈기생충〉의 소녀는 박 사장 딸 다혜(정지소 분)로 다른 계급에서 온 외부인의 욕망의 대상이 되어 계급 상승 욕구를 부추기는 매개가 된다. 위네 영화의 소녀들, 〈괴물〉의 현서, 〈살인의 추억〉의 소현, 〈마더〉의 아정, 〈기생충〉의 다혜는 시선의 대상이자 주인공의 행동 추동을 위한 매개로서 기능한다.

이렇게 보면 봉준호의 7편의 영화 속에는 늘 소녀들이 등장하고, 이 소녀들의 모습은 미래의 주체이거나 희생의 대상, 두 가지 유형으로 크게 구분된다. 끝내 살아남거나 사라지거나, 두 유형의 소녀들은 모두 서사에서 결정적 역할을 하므로 봉준호 영화세계에서 소녀란 중요한 캐릭터다. '모성 왜곡'이나 '사라지는 소녀' 담론으로 봉준호 영화를 한마디로 한정지을 수는 없다. 그의 영화를 가지고 여성주의적이냐 반여성주의적이냐 하는 단정적 평가를 내리는 것 또한 주저하게 된다. 다만 봉준호는 소녀를 영화에 꼭 등장시키고, 여기에는 어떤 일관된 방향 혹은 징후가 있다는 점을 기억해야 할 것이다.

구원자의 이름으로

봉준호의 7편의 연출작 중 3편의 영화가 여성 주인공, 여성서사 영화다. 〈플란다스의 개〉, 〈마더〉, 〈옥자〉. 송강호와 변희봉 말고 여배우들도 그와 호흡을 맞추며 봉준호 월드를 만들어가는 데 동등한 기여를 하고 있다는 점을 간과해서는 안된다.

데뷔작 〈플란다스의 개〉의 주인공은 이제 막 사회 초년병으로 남다른 정의감을 가졌으나 발휘할 데가 별로 없는 젊은 여성이 겪는 일상의 드라마다. 이 영화는 봉준호가 이후 만든 아트버스터나 작가적 장르영화와 톤 앤 매너가 꽤나 다르다. 영화가 공개된 2000년에는 〈공동경비구역 JSA〉(박찬욱 연출, 이병헌 · 송강호 주연), 〈반칙왕〉(김지운 연출, 송강호 주연), 〈비천무〉(김영준 연출, 신현준 · 김희선 주연), 〈단적비연수〉(박제현 연출, 김석훈 · 설경구 주연), 〈박하사탕〉(이창동 연출, 설경구 주연) 같은 영화가 대중적으로나 비평적으로 화제의 중심이었다.

IMF와 밀레니엄의 불안함을 경과한 2000년은 한국영화가 장르적으로 다양해지고, 신인감독들이 대거 등장하며 예산은 점점 높아지던 시기다. 이때 한국영화가 본격적으로 세련된 산업화된 면모를 갖추었고, 멀티플렉스의 본격화와 함께 산업 규모가 비약적으로 커지고, 역량 있는 신진감독군이 형성되었으며, 액션과 역사극을 주류로 한 장르화가 본격적으로 이루어졌다. 이 시기에는 남성서사가 주류를 형성하기 시작하며, 제작의 핵심 방향성이 남자배우로 옮겨지고 있었다. 1960년대에서 시작하여 1990년대까지도 유효했던 여배우 트로이카 체제는 21세기 들어서자 송강호, 설경구, 최민식 등으로 구성되는 남배우 트로이카 체제로 전환되었다.

이러한 경향 아래, 일상의 블랙코미디, 여자 주인공, 마이너한 취향의 배우 캐스팅으로 특징지어지는 〈플란다스의 개〉는 여러모로 당대 주류적 분위기와는 결이 다르다. 비평적 관심과는 별개로 흥행에서 실패했지만 이 영화가 보여준 봉준호의 작가적 잠재력은 이후 〈살인의 추억〉과 〈괴물〉을 낳은 자양분이 되었다.

〈플란다스의 개〉는 소녀가 주인공이다. 이름 현남, 상대 남자 주인공 이름이 윤주(이성재 분)로 성별이 뒤바뀐 듯한 이름은 영화의 뒤틀린 유머의 전조이다. 이제 막 상고를 졸업하고 아파트 관리소 경리로 일하는 스무 살 현남은 불우한 이웃을 돕고, 강도도 잡고, 실종된 강아지도 찾아 영웅이 되고 싶지만, 어리바리한 두뇌와 순간 판단력의 한계로 일은 더 꼬이기만 한다. 사회생활의 때가 묻지 않은 현남의 순수한 마음은 아파트에서 강아지를 둘러싸고 벌어지는 사건에 깊이 개입하게 한다. 마음은 앞서지만 현실은 따라주지 않아 잃어버린 강아지를 찾을 수는 없다. 더군다나 그녀는 거대한 정의 논리를 가지고 있지도 않고, 모순적으로 흘러가는 이 문제를 분석할 능력도 없다.

일을 더 꼬이게 만드는 행동을 하는 현남이지만 그녀의 행위 결과는 어떻게든 꼼수와 얼버무림으로 일이 자신에게 유리하게 돌아가게 하는 어른들을 주저하게 하는 힘이 있다. 어른뿐만 아니라 강아지를 잃어버리고 우는 어린이가 새 강아지를 선물 받고 이전 강아지의 존재를 깡그리 잊어버리고 웃고 있을 때, 우리는 이 사회가 망각과 새 것에 익숙한 비인간적인 곳이 되어가고 있음을 현남의 시선에서 깨닫고 씁쓸해진다. 경비는 주민이 애타게 찾는 강아지를 삶아 먹을 생각에 들떠 있고, 모든 것이 잘 풀리지 않는 대학강사 윤주는 자신의 불행을 시끄러운 강아지에게 투사하여 몰래 납치하고 가둔다. 거기에다 윤주 아내는 남편이 정교수가 되기 위한 뇌물을 회사 퇴직금으로 마련하고, 마음을 달래기 위해 비싼 품종견을 구입한다.

개를 둘러싼 한바탕 해프닝 후, 정직과 공정에서 너무 멀리 가버린 윤주는 직업적 목표를 결국 달성하고 교수가 되었다. 하지만 엔딩 장면에서 강의실의 검은 커튼이 서서히 창을 가리자 앞으로 갇힌 삶을 살 것임을 암시한다. 반면 현남에게는 이 일 이후 대낮에 산에 오르는 걸 봐서 직장을 나온 것 같다. 그러나 그녀는 여전히 선한 사람이 승리하는 사회에 대한 희망을 가지고 대안적 선택을 할 것이라는 암시를 준다. 엔딩에서 관객을 향해 정면으로 시선을 보내는 현남은 IMF 이후 달라진 가치관을 가진 우리 모두를 다시 바라보는 의미인 듯하다. 이 존재감 없는 소녀는 우리의 가슴 한켠에 자리한 죄책감을 끌어낸다. 돈, 출세, 명예, 이기주의가 점점 더 강화되어가는 포스트 IMF 사회에서 소녀는 진실을 깨우치지는 못했지만 깨끗하고 강한 존재로 대안적 삶을 사는 것이 가능하면 좋겠다는 희망의 메타포로 그려진다. 개를 구하려다 엉망진창이 되어버린 사건의 책임자로 오인되어 직장을 잃은 현남의 이후 삶에 대한 구체적인 해법은 영화에서 제시되지 않는다. 그러나 덮인 진실을 관객은 다 보아서 알고 있고, 현남의 시선은 무기력하게 손을 쓸 수 없는 이 세상에 대해 균열을 내는 양심의 시각적 기호가 되어 마지막을 장식한다. 그녀의 시선을 간직하고 있다면 언젠가 세상은 변할 수 있으므로.

〈설국열차〉의 요나는 무너진 세상에서 살아남은 소녀이며, 새로운 세상에서 모든 것을 만들어 갈 창조자이다. 남궁민수(송강호 분)와 딸 요나는 각별한 관계를 형성한다. 과학자 민수는 달리는 기차를 멈추고 다른 세상으로 나아갈 방법을 가지고 있지만 마지막 남은 인류인 기차에 대해 희망을 잃었다. 그는 오직 딸의 안녕과 미래만 보고 간다. 〈설국열차〉의 진정한 주인공은 살아남은 소녀다. 그녀는 예민한 청각을 무기로 아버지 민수의 구상을 실현할 행동대원이고, 결국은 살아남는 인간이다. 그녀는 흑인 꼬마와 단 둘만 남은 인류의 마지막 생존자이다. 지구에서 그녀는 결국 창조자 소녀가 될 것이다. 요나가 기차 옆을 뚫고 탈출하여 처음으로 마주치는 것은 생명을 상징하는 설원의 북극곰이다. 이는 두 가지 결말로 해석될 수 있다. 자신이 구한 아이와 함께 살아남아서 새로운 세상으로 간다는 결말이다. 혹은 세상의 마지막 포식자 백곰에게 먹힐 운명이거나.

엔딩은 해석에 따라 비관과 낙관으로 극명하게 달라진다. 봉준호 영화의 묘미가 바로 이런 것이다. 블랙코미디와 스릴러의 변주로 하나하나의 표현 요소가 해석의 다차원으로 열리는 재미 때문에 그 진정한 의미를 곧잘 잊어버리곤 한다. 봉준호 세계는 사실 비관으로 꽉 찬 암울한 현재의 지옥도를 보여준다. 관객은 낄낄거리면서 그 시청각적 향연을 즐기다가 이야기가 모두 끝난 후 해석의 문 앞에서 우왕좌왕하게 된다.

지옥에서 벗어나기 위해 기차 앞 칸으로 간다는 것이 자본주의의 무한 경쟁을 의미한다면, 옆으로 나간다는 것은 바깥 세상을 상상하는 것이다. 아버지는 죽고 딸은 살아남는다. 이와 같은 결말은 딸이 죽고 아버지가 살아남아 대리 자식을 거두는 〈괴물〉과 대비된다. 〈설국열차〉의 딸은 새로운 인류를 만들어낼 가능성을 내포한다. 이 엔딩은 생명의 공존을 암시하기도 한다. 혹은 완전한 인류 절멸의 가능성도 무시할 수 없다.

엄마는 없고 부녀는 친구 같은 동료다. 이 둘의 대척점에 멈출 줄 모르는 폭주기관차가 있는데, 이는 국가시스템을 알레고리화하는 도구다. 끝없이 질주하는 경쟁 체제의 자본주의, 그 대가는 하층민, 서민의 몰락이다. 이는 전 세계를 공통적으로 위협에 빠뜨린다. 경쟁이 극대화된 자본주의는 지구 전체를 몰락으로 이끌고 있고, 한판 뒤집고 새로운 세상을 열 혁명을 위해 최상류층이 생활하는 기차 앞 칸으로 질주하며 요나가 칼을 잡자 민수는 그녀를 밀어내어 살인의 죄를 저지르지 않게 보호한다. 요나는 대지의 어머니가 될 것이며 생명의 창조자가 되어야 하기 때문이다. 지구 구원의 역할을 떠맡은 그녀는 민수에게는 마지막 희망이다. 거창한 인류의 미래를 한 소녀에게 짐 지우는 일은 아버지의 과잉 집착이 낳은 결과일 수 있다. 모든 걸 뒤집어엎는 혁명은 인류 역사에서 성공한 적이 없고, 탐욕의 기차처럼 달리는 자본주의를 멈추자 새로운 세상이 열릴 것이라는 상상은 어쩌면 공상일지도 모른다.

〈옥자〉의 주인공 미자는 자신이 원하는 것을 분명하게 알고 성취하려는 소녀다. 강원도 깊은 산골에서 미국의 글로벌 대기업 미란도가 제공한 슈퍼 돼지 옥자를 돌보는 그녀는 〈플란다스의 개〉의 현남에서 진화해 한층 거대한 악에 맞서는 인물이다. 영화는 한 시골 소녀의 성장담이며 여성 영웅의 여정을 따른다. 시골을 떠나 옥자를 구하기 위해 서울과 뉴욕, 대도시를 뛰어다니는 옥자는 도시에서 많은 사람들과 엮인다. 그러나 영화는 영웅서사에서 필수적인 현명한 노인이나 멘토를 만들지 않는다. 소녀는 산과 물, 동물과 함께 성장하

며 자연스럽게 습득한 자연 그대로의 순수성, 동물 존재들과 공존하면서 깨달은 돌봄과 나눔 그 자체로 그녀가 어떤 존재인지 알려준다. 그 누구도 아닌, 자연과 그녀 자신이 스스로에게 멘토가 된 것이다.

미자는 옥자를 데려가려고 산골로 찾아온 미란도의 인간들이 자연 파괴적인 존재임을 거친 도시 여정을 통해 깨닫는다. 소녀는 자연 안에서 결핍 없이 완벽한 만족감을 느끼며 살아왔는데, 이런 모습은 도시로 대표되는 자본주의 시스템 내부의 시각에서 보자면 특별한 존재다. 부모, 이웃, 친구도 없이 할아버지의 양육으로 살아가는 미자는 옥자와 둘만으로도 충분히 정서적 만족감을 느낀다.

봉준호 영화가 재미있는 점은 대비 구도를 취하면서도 이쪽과 저쪽을 선과 악으로 명확하게 나누지 않는다는 것이다. 자본주의 생태계와 자연 생태계의 대비 구도에서 산골 할아버지는 돈에 대한 애착이 크며, 옥자를 구출하는 데 앞장서는 비밀 동물보호단체는 자신들의 목표를 달성하기 위해 과격한 행동주의로 오히려 미자를 속이고 상처를 준다. 미자가 건넨 돼지 금덩이를 받고 옥자를 풀어주는 미란도사의 낸시는 빌런일지라도 돈에 대한 순수한 애정을 가졌기에 미자의 성취를 도울 수 있다.

완벽하게 자본주의화된 도시 인간들과 관계를 맺지 않는 소녀는 매사 충돌하는 할아버지와 정서적 교감이 거의 없고, 오로지 옥자와의 자매애를 통해서도 살아갈 수 있는 독단의 존재다. 산에서 시작하여 도심으로 들어갔다가 도살장이라는 지옥을 맞본 소녀는 자본주의와 도시는 폭력 그 자체임을 깨닫고 이에 대한 저항으로 다시 산 속으로 들어간다. 대안적 삶에는 열린 공동체주의를 실천하는 삶과 홀로 우뚝 서는 삶이 있다. 관계 맺지 않고 자족적으로도 살아가는 것을 선택한 미자는 스스로 구축한 작은 파라다이스로 들어간다. 이 길이 영원하지는 못할지라도.

미자의 여정은 산골, 서울 지하상가, 미란도 한국지사, 뉴욕 본사로 이동하면서 점차 자본의 중심지로 들어간다. 글로벌 기업 미란도사 오너 일가는 감정 자본주의의 원리를 잘 알고 있어서 감정을 소비 대상으로 활용한다. 생명, 연대, 우정, 자연, 모성성과 같은 감정이 모두 쇼의 상품으로 등장하는 것이다. 자연을 자원으로 놓고 정복과 수탈의 대상으로 삼는 글로벌 기업의 대립항에 미자가 놓이고, 그녀는 돌봄, 생명, 우정, 치유의 주체로 자리매김한다. 아직 미성숙한 소녀가 글로벌기업과 맞짱 뜨는 위치에 놓인다는 것, 그리고 태생 자체가 착취를 의미하는 돼지 옥자를 미자가 구원하는 것은 사실 현실적으로 불가능하다. 그러므로 누군가의 소박한 행복마저 돈이어야 해결되는 자본주의의 구제불능을 화두로 삼고 있는 이 이야기의 해피엔딩은 판타지에서나 가능하다. 역시나 봉준호 영화는 현실의 비정함을 되새긴다.

대상 혹은 매개, 누군가의 각성을 위해서라면

맑고 순수한 여성이 세상과 부딪치다가 결국 희생당하는 관계는 한국영화의 오랜 관습처럼 표현되었다. 한국영화에는 가녀린 소녀 이미지 계보가 있다. 춘향과 심청이는 한국영화가 반복해온 전통적 여성 캐릭터 유형으로 이들은 인내와 희생의 화신이다. 〈화녀〉(1971), 〈진짜진짜 좋아해〉(1977), 〈겨울여자〉(1977), 〈최후의 증인〉(1980), 〈씨받이〉(1986), 〈아제아제 바라아제〉(1989)와 같은 영화에서 소녀의 삶은 불행해지고 마는데, 1970년대와 1980년대 사회상을 은유하듯이 시기 영화들에서는 남성 주체의 무력감이 소녀를 방치하고 말았다는 부끄러움을 읽을 수 있다. 패배의식에 사로잡힌 남성 캐릭터는 소녀의 불행을 지켜보면서 좌절감에 빠지고, 결국 무능한 남성의 자기환멸을 낳는다. 이때 여성을 순수함이나 연약함과 연결시키는데,

소녀가 훼손된다는 것은 자연적 순결성이 파괴되는 것을 의미한다.

멜로드라마가 강세였던 1970년대와 1980년대에 나이든 남성과 어린 여성 관계가 흔했다면, 21세기 한국영화에서는 아빠와 딸의 관계로 변주되어 나타난다(〈아저씨〉(2010), 〈검은 사제들〉(2015), 〈로봇, 소리〉(2016), 〈하루〉(2017)〉). 이러한 관습은 2008년 촛불소녀 현상 이후 바뀌면서 대중문화에서 자주 그려지는 소녀 이미지는 파워걸과 걸크러시로 변화하고 있다. 하지만 희생당하는 소녀 이미지는 여전히 영화에서 흔히 나타나는 전형적인 이미지이다.

애매모호한 결말을 통해 다층적 분석의 가능성을 남겨놓는 봉준호 영화들은 구원 불가능한 세상이라는 비관적이고 불편한 인식의 여지를 안고 있다. 그 인식을 위한 감성 핵심부에는 희생당한 소녀 모티프가 놓인다. 막연하게 순수 가치를 은유하는 소녀, 구제불능인 사회에 책임이 거의 없다고 볼 수 있는 존재인 소녀가 희생양으로 선택되면 비극성과 허무함은 한층 고조된다.

〈살인의 추억〉은 여성 대상 연쇄살인 범죄 케이스가 연속해서 터져 나오는데 그중 가장 안타까운 사건은 이름과 서사를 가진 소녀의 죽음이다. 영화는 연쇄살인 공간을 현대사회 속 원형적 신화 세계로 탈바꿈하여 불완전한 인간이 고통스럽게 진실을 찾아가는 과정을 보여준다. 그 진실은 결코 손에 쥘 수 없다는 세계관 속에서 소녀의 비중은 연극 원작보다 영화로 각색되면서 더 커졌다.

영화에서 다른 희생자 여성들은 속절없이 죽어가는 약한 집단으로 뭉뚱그려 제시되는 반면, 중학생 소녀 소현은 다른 희생자들과 달리 남자 형사들 사이의 행동 양상에 본격적으로 균열을 가져오면서 내부적 갈등의 요인으로 부상한다. 과학적 수사방식을 지향하던 서 형사는 소녀의 죽음 앞에서 걷잡을 수 없는 분노를 느끼며 비이성적인 감정의 격랑 속으로 빠져든다. 이는 이성과 합리성의 세계에서 광기와 비이성이 등장하는 순간이다.

이전에 여러 명의 여성이 희생되었고 이들은 대개 성인 여성이었던 데 비해 소현은 10대 여학생이다. 허리 상처와 그 위에 서 형사가 붙여주는 반창고 장면은 연쇄살인범의 희생자가 된 후 등장하는 시신 장면과 연결되면서 일종의 전조 같은 기능을 한다. 범인 시점에서 카메라가 소녀를 포착하므로 이 장면은 관객 모두가 소녀의 희생에 가담하는 것 같은 효과를 준다. 소녀의 시신 발견 장면이 치밀하게 묘사되며 그걸 목격하는 서 형사의 시선과 행동이 매우 세심하게 그려진다. 가해자의 시선을 따라 움직이는 폭력적 카메라가 주는 관음증적 쾌락에 관객이 넘어갔다고 표현해야 할까, 아니면 보호해야 할 대상을 지키지 못했다는 환멸의 정서를 강화하기 위한 도구일까. 영화는 스스로 정한 규칙을 위반하고 정체성이 무너진 남성을 강조하기 위해 소녀 희생자를 대담하게 부각한다. 소녀가 발랄하고 상냥했기에 그 안타까움은 더 커진다.

영화는 폭압적 시대를 대변하는 남성의 무력함과 죄책감을 표현하기 위한 극적인 수단으로 소녀의 죽음을 강조한다. 이러한 이유로 성인 여성 여러 명이 영화에서 죽어나갔지만 관객의 기억에 또렷이 남는 이는 소녀 단 한 명이다. 왜곡된 사회의 무고한 희생물임을 강조하며 이로 인해 정체성 붕괴에까지 이르는 이성적 남성 주체의 허상을 부각하기 위해 소녀 캐릭터가 소비되고 만 것이다. 성인 여성 희생자들이 이미 시체가 된 상태에서 발견되거나 잠시 얼굴만 비치고 주검으로 등장하는 것과 대조적으로 소현에게는 캐릭터가 있다. 서 형사와 잠깐 이야기를 나누는 에피소드, 그리고 살해 방법과 사체 상태가 자세히 묘사되는 것은 소녀를 통해 추악한 사회와 부조리한 현실을 더 극적으로 강조하기 위함이다. 야간 등화관제 시간에 살해당한다는 것은 상징적이다. 이는 국가시스템이 소녀의 죽음을 방치했다는 의미다. 소녀의 죽음 이후 이성적이었던 서 형사는 폭력적으로 변해가고, 이전에는 그가 극도로 혐오했던 고문을 하는 경찰로 변신한다. 영화에서 서 형사에게는 후일담이 없다. 그는 그토록 연쇄살인범을 잡고 싶었으나 역설적이게도 소녀로 인해 공권력의 폭력성을 정당화했던 일로 영화에서 사라져버렸다. 이 모든 진행을 지켜본 박두만이 오히려 많은 깨달음을 얻었을 것이다. 엔딩에서 박두만 형사에게 질문을 던지는 존재는 또 다른 소녀다.

〈괴물〉은 소녀의 납치와 죽음 그 자체가 영화의 주요 서사를 구축한다. 교복 입은 소녀는 희생양이 되고, 딸을 지키지 못하는 아버지의 처지는 더 비극적이게 된다. 소녀에게는 어머니가 없다. 그것은 괴물성으로 괄호 쳐져 있고 그 부재 속에서 소녀가 납치된다. 괴물에게 납치된 하수구 공간에서 소녀는 엄마처럼 남자아이를 돌본다.

한국 사회의 부조리한 많은 문제들을 전면에 내세우는 〈괴물〉에서 소녀의 죽음은 적극적으로 그려진다. 사회적 연대가 회복되기 위한 소중한 가치로 소녀를 제시하는 것인데, 여기에는 희생 제물 이후 공동체 위기를 극복해 나가는 신화적 상상력이 덧입혀져 있다. 소녀는 성난 괴물을 달래기 위한 제물이고, 건강하고 순수한 소녀여야 이 희생의 서사는 더 극적이 된다. 영화는 딸이 괴물에 잡혀 있는 동안 소중하게 돌보던 거지 소년을 가난한 주인공 가족이 받아들이는 것으로 마무리된다. 순진하지만 무능한 가족의 희망이었던 똑똑한 소녀가 사라지고 없는 자리에 아들이 되어 앉아 있는 소년은 이 가족이 가난과 무능의 굴레에서 여전히 벗어나기 힘들 것임을 암시한다. 타자를 환대하며 가족으로 맞이함으로써 공동체의 연대는 끈끈하게 회복하였음에도 불구하고 말이다.

괴물의 입 안의 입 안의 입은 무한한 탐욕을 상징하는데, 괴물은 게걸스럽게 먹어치우고 어마어마한 양의 뼈를 게워낸다. 괴물의 식욕은 변태적 탐욕의 외화된 모습인데, 소녀는 바로 그 탐욕의 희생양이 된다. 국가시스템은 바이러스를 잡는 위생안보를 도구로 시민 통제를 쉽게 하기 위해 공포를 활용한다. 바이러스에 감염될지 모른다는 공포로 인해 시민들은 의심 없이 국가의 명령에 순응하는 것이다. 여기에 저항하는 유일한 가족인 강두네 가족은 표면적으로는 딸을 잃은 패배자이지만, 결국에는 스스로의 힘만으로 괴물을 쓰러뜨리고 (죽은) 딸을 찾아낸 승리자이다. 딸 현서가 남자아이를 끝까지 지킨 보이지 않는 실질적인 승리자인 것처럼 말이다.

미군의 화학약품 한강 무단 방출로 탄생한 미제 괴물은 탐욕 자본주의의 메카인 미국 그 자체를 상징한다. 영화가 개봉한 해인 2006년 1월에 대한민국 정부는 한미자유무역협정 협상 의사를 밝혔다. 적극적 시장 개방과 규제완화, 민영화 등 영미식 자본주의 시장 제도를 받아들인다고 이해한 시민은 대규모 저항에 나섰고, 반미의식 또한 고조되어 있었다. 이러한 사회적 분위기에서 〈괴물〉은 해방 이후 미군이 주둔한 이래로 한국에서 발생한 사회모순에 대해 적극적으로 발언하는 첫 번째 상업영화다. 영화는 대립항을 활용한다. 크고 어글리하고 탐욕스러운 괴물과 미국, 그리고 작고 총명하고 가련한 소녀와 한국. 작고 총명하고 가련한 소녀는 희생됨으로써 사회 구원의 매개로 작용한다. 하층민 소녀는 살아 있을 때는 존재감이 없었지만, 구원의 매개가 되었을 때는 의미를 가진다. 가혹하게도 대상이나 매개가 되어야만 소녀는 존재감을 얻게 되는 것이다.

〈마더〉는 소녀의 죽음에서 출발하는 영화다. 폐쇄적인 작은 공동체의 비인간성을 상징하는 교복 입은 소녀는 어른들에 의해 착취되는 몸이다. 그녀는 동네의 남자 어른들에게 실질적으로 신체적으로 착취당하지만, 할머니를 부양하고 막걸리 값을 벌기 위해 끊임없이 노동해야 하는 의미에서 여성 어른에게도 착취당한다.

정신적, 신체적으로 훼손된 소녀는 딸이면서도 가장이라는 이중적 위치에 놓여 있다. 소녀이면서도 성을 팔아 돈을 벌어야 하는 그녀 자체로 순수성과 부정성의 이중성을 가진다. 영화는 소녀와 할머니로 구성된 2인 가족과 아들과 엄마로 구성된 2인 가족을 대비시킨다.

엄마는 살인혐의를 받는 아들 도준을 무죄로 만들기 위해 모든 것을 알게 되었지만 소녀 아정을 저버린다. 이러한 모성의 부도덕성과 광기를 담은 스크린은 거울처럼 반사되면서 가족이기주의로부터 자유롭지 못한 우리 모두의 양심을 움찔하게 만든다.

생계유지를 위해 성을 판매하던 아정이가 도준이 던진 바위에 맞아 살해당한다는 표현은 의미심장하다. 부정한 여성을 돌로 쳐 죽이는 악습이 남아 있는 전근대적인 사회가 여전히 실재하고, 이러한 사회는 폐쇄적인 가부장적 공동체를 안전하게 유지하기 위해서 성을 교환한 여성을 처벌한다. 〈마더〉의 시골 공동체는 돈으로 전관예우를 사서 범죄를 피할 수 있는 곳이고, 모자란 아들을 숨죽여 홀로 보호해야 하는 곳이며, 곤궁한 처지의 소녀를 대놓고 유린할 수 있는 곳이다. 법의 사각지대인 이곳에서 보호자 없이 가장 아래쪽에 위치한 소녀가 피해자가 되는 것은 흔한 일이다.

아정은 뒤따라오던 도준의 "남자가 싫으니?"라는 말을 오인했고, 도준은 아정의 "바보 같은 새끼야"라는 말을 오인했다. 각자의 아킬레스건을 건드린 상대를 향한 우발적 공격이 살인으로 이어진 것이다. 소녀의 죽음 뒤에는 가난이라는 구조적 재앙이 있다. 남자와 관련하여 자격지심이 있는 아정이 도준에게 발끈하지 않았다면 도준도 아정에게 발끈하지 않았을 것이고, 과거에 도준이 농약을 마신 적이 없다면 아정의 대답에 살인으로 응답할 일도 없었다.

엄마는 소녀로부터 성을 구매한 노인을 손으로 때려 죽인다. 도준 살인사건의 목격자이지만 소녀를 더럽힌 가해자이기도 한 노인을 엄마의 손으로 응징하는 모습은 모성과 소녀성의 느슨한 연대를 의미한다. 그것이 일그러진 연대라도 말이다. 여기서 모성 신화의 허구성이 깨지며 소녀의 죽음은 그 과정에서 매개가 된다. 엔딩의 고속버스 막춤 실루엣 장면에서도 상징하듯이 엄마는 자식을 지키기 위해 현실의 지옥불로 뛰어든다. 신성하고 고결한 모성의 반대쪽은 광기 어리고 비열한 모성의 얼굴을 하고 있다. 소녀의 죽음의 전말은 모성의 어두운 이면의 진실을 전하는 매개로 의미화된다.

〈마더〉는 〈괴물〉과 연결되는 설정을 가지고 있다. 딸을 구하려는 아비 대 아들을 구하려는 어미, 이는 곧 아들을 품은 가부장 이너서클 제도와 소녀를 가두어 버린 모성 괴물의 대칭을 그리게 한다. 이런 점에서 〈마더〉를 〈괴물〉의 진화된 서사로 받아들여도 될 것이다. 아들을 구하려고 하면 할수록 아들의 죄악이 드러나며 어미는 괴물이 된다. 소녀는 주인공 엄마의 마성을 드러내는 계기가 된다. 〈마더〉에서 소녀성과 모성성은 한 묶음이다. 소녀로부터 연결된 상황의 고리가 도달한 지점은 마성적 모성이다. 소녀는 무책임한 남성들의 사회에 균열을 내는 괄호 밖 존재다. 살해된 후 옥상 높이 빨래처럼 널려 전시된 소녀는 마치 희생양 제의 같다.

살인자 아들을 중심으로 엄마와 소녀는 거울 이미지처럼 서로를 비춘다. 거세하는 어머니와 복수하는 아들, 그 둘 사이에 매개가 된 소녀가 놓인다. 엄마는 소녀로부터 자신을 보지 않았을까? 순수한 소녀일수록 희생양의 가치를 높이고, 희생자를 구해내지 못했을 때 살아남은 자들의 죄책감과 안타까움은 배가 된다. 순수한 소녀를 구하고자 하는 마음은 부패한 사회일지언정 오염되지 않고 남아 있는 가치를 지키려는 노력과 같은 선상에 놓인다. 그러나 성을 판매하여 생계를 꾸려야 하는 소녀의 죽음의 진상을 덮으려는 것은 이 사회의 무정함이다. 아들의 결백을 주장하는 엄마는 소녀의 죽음의 진실을 알고도 외면한다. 소녀는 모성의 어두운 비밀을 비추는 거울로서 기능을 하고 만다. 성을 판 소녀가 괴물이 아니라 엄마가 괴물이 되었다.

희생자 자리에 소녀라는 존재는 잘 어울린다. 순수한 피해자일수록 남은 이들의 공동체적 죄의식을 자극하는 데 적절하다. 따라서 교복 입은 여학생이 주는 정서적 환기 효과가 있다. 이때 소녀는 사회적 배려의 사각지대이자 모순과 반성이 중첩하는 장에서 사라지고 대상으로서만 존재한다. 〈마더〉에서 희생자로서의 소녀 모티프는 변주된다. 성을 판매하는 소녀는 이중적 모성을 입체적으로 반영하는 존재로 기능한다. 엄마는 처음에는 아정의 죽음에 관심이나 죄책감이 없었다. 아들의 결백만 믿을 뿐이다. 그러나 결백하다고 믿었던 아들이 진짜 살인자라는 사실을 알게 되자 엄마에게 소녀가 겹쳐지면서 엄마는 새로운 각성을 하게 된다. 그러나 그 각성은 이미 늦었고 엄마는 모든 진실을 묻어버리는 길을 가는 수밖에 없다. 그 고통을 스스로 허벅지에 침을 찌르며 달랠 뿐이다.

이제 〈기생충〉의 소녀를 이야기 할 차례다. 〈기생충〉의 최상류층 가정의 소녀는 성적 주체이며 표면적으로는 안정된 공동체에 교란을 일으킨다. 다혜는 엄마와 대립하지만 하층민 남성 기우에게는 친근하다. 계층 구조의 공고함을 미처 인식하지 못하는 다혜는 어린 동생 다송이와 마찬가지로 경계를 넘나들며 타자들과 교류한다. 가부장의 우산 아래에 잉여처럼 존재하는 엄마는 자신의 존재의의를 자식 사교육에 쏟아부으며 과시하면서 때때로 젊은 가정교사와의 은밀한 감정적 교류 관계에서 우월성을 확인하고자 한다. 여기에 제동을 거는 존재가 딸이다. 아들을 편애하는 것으로 보이는 엄마는 가끔씩 딸과 경쟁하는 것처럼 보이는데, 이는 상류층 가정 내 자신의 불안한 위치에 대한 방어적 행위다. 딸은 공고한 공동체의 교란의 기호이자 경계를 넘나드는 매개이다.

소녀는 과외교사로 들어온 외부인들의 욕망의 대상이며, 상류층으로 가는 직행 사다리라는 기표로서 의미를 가진다. 기우에게 계층 상승의 매개라는 헛된 희망을 품게 하는 존재로서의 소녀는 비중이 크지 않아서 상류층 사회의 풍경을 묘사하거나 주인공 남성의 심리적 동기유발의 도구로 쓰인다. 다혜라는 캐릭터는 모호하고 텅 빈 기표로서 알 수 없는 존재로 남아 있다. 윤리의식이나 가족에 대한 애정이 없는 소녀, 매개이거나 대상이거나 대안이 아닌 소녀로서의 의미, 이는 봉준호 영화에서 새로운 표현 방식이다. 소녀의 이중성과 회색지대는 건드리기 부담스러운 것이지만 기다려봄직할 것이다.

괴물의 식욕은 변태적 탐욕의 외화된 모습인데,

소녀는 바로 그 탐욕의 희생양이 된다.

노인

03

왜

희봉은

매번

실패하는가

이용철

　〈살인의 추억〉에서 논두렁에 나자빠지는 반장을 보고 박두만 형사
는 "에헤이, 그 노인네 거참"이라 말한다. 이어 반장도 "인생 말년에
이게 무슨 꼬라지냐"라고 스스로 한탄한다. 한국에서 공식적인 노인
연령의 기준은 현재 65세이다. 영화의 배경이 1987년이고, 영화가 제
작된 시기가 2003년임을 감안하더라도, 반장은 사실 노인 소리를 들
을 위치는 아니다.

　근래 선보인 넷플릭스 시리즈 〈인간수업〉에서 최민수가 분한 왕철
은 '영감님'이나 '영감탱이'라는 호칭으로 불린다. 이렇듯 영화나 드라
마에서 노인은 나이와 직접적인 연관이 없어 보인다. 일반적인 영화
와 전혀 다른 방식으로 노인이란 존재에 접근하는 봉준호의 영화에서

노인의 개념은 더욱 모호해진다. 노인 문제에서 종종 다루는 '가족, 부양, 노령화' 같은 것들이 봉준호의 영화에서 전면에 드러난 적은 없다. 노인이 주요한 역할을 맡은 작품에서도 그런 문제는 다뤄지지 않는다. 그런 까닭에 이 글에서는 노인이라는 표현보다 연장자나 손윗사람의 개념으로 '시니어'를 사용하는 게 더 적합하다고 생각된다.

봉준호의 영화에서 시니어의 역할을 단연 여러 번 맡았던 배우는 변희봉이다. 〈괴물〉에서 59세의 아버지로 나오기는 했으나, 봉준호 영화에서 그의 이미지는 머리가 희끗한 노인의 그것에 다름아니다. 변희봉이 맡은 역할의 특징 중 하나는 '매번 실패한다'는 점이다. 〈플란다스의 개〉에서 그는 변 경비로 처음 등장했는데, 그는 다른 사람의 눈을 피해 아파트 지하실에서 끼니를 해결하곤 한다.

강아지 실종 사건이 소재인 영화에서 그는 3번에 걸쳐 '보신탕'을 즐긴다는 혐의를 받는다. 첫 번째 시도에서 그가 한참 요리를 준비할 동안 관리실 직원이 방문한다(그가 가져온 강아지를 나중에 어떻게 했는지 영화는 보여주지 않는다). 두 번째 시도에서 그가 만든 보신탕은 노숙자의 배로 들어가버린다. 세 번째 시도에서는 닭으로 요리를 하려다 엉뚱한 오해를 산다. 이러한 실패의 이미지는 다음 작품인 〈살인의 추억〉으로 이어진다. 이 작품에서 변희봉은 수사 능력은 높지 않으나 인간적인 면모를 지닌 시골 경찰서 반장으로 나온다. 그런 인물이 미해결 사건인 연쇄살인의 현장에 맞을 리가 없다. 형사들과 어울려 변죽만 두드리던 그는 얼마 지나지 않아 직책에서 해임되고 만다.

변희봉은 〈괴물〉에서 주역에 해당하는 매점 할아버지 희봉 역할을 맡았다. 그에게 세 오누이는 하나같이 골칫거리다. 도주한 아내로부터 딸을 얻은 큰아들 강두는 조금 모자란 편이고, 기껏 대학을 졸업시킨 남일은 술을 입에 달고 사는 백수 신세다. 시청 소속 양궁선수인 남주는 활을 당기는 마지막 순간에 판단력이 무너지는 게 문제다. 강두의 딸이 괴물에게 끌려간 뒤, 희봉은 가족을 모아 괴물에게 맞서

기로 한다. 없는 돈을 모아 준비를 마쳤지만, 괴물의 일격에 그는 목숨을 잃는다. 호기롭게 "끝장을 보겠다"고 외쳤으나 그의 총에서 총알이 소진된 뒤였다.

〈옥자〉에서도 사람 좋은 역할은 반복된다. 아들과 딸을 먼저 보내고 손녀 미자와 산골에 사는 그는 세계적 축산 기업의 인증을 받아 슈퍼 돼지 '옥자'를 키우는 중이다. 갈등은, 미자가 옥자와 헤어지기를 거부하면서 벌어진다. 희봉은 옥자를 돌려보낸다는 계약 사항에 맞설 힘이 없다. 돼지가 먹이의 신세에서 벗어날 수 없는 것처럼, 그는 자신에게 주어진 신분대로 살 뿐이다. 세상으로 박차고 나가는 미자의 의지가 그에게는 부족하다.

봉준호가 굳이 희봉이라고 명명하는 역할은 왜 매번 실패하는가. 기실 이 질문은 변희봉이라는 배우가 맡은 역할에 주어질 게 아니라, 봉준호 영화의 시니어들 전체에 던져져 마땅하다. 여기서 중요한 것은 인물의 실패가 아닌, 인물이 실패하도록 의도한 이유라 하겠다. 그나마 희봉이라는 인물은 실패할지언정 대체로 호의적인 인상을 남기는 편이다.

봉준호의 영화에서 조연으로 나오는 대개의 시니어는 비호감을 면하지 못한다. 〈플란다스의 개〉의 학장이 대표적인 예다. 그는 바람직하지 못한 시니어들의 총체다. 그 밑으로 들어가려면 일단 거액의 청탁금을 상납해야 하고, 그의 마음에 들기 위해 폭탄주 세례를 통과해야 한다. 그가 룸살롱에서 벌이는 폭탄주 파티는 공포의 자리이며, 그가 벽에 던지는 하얀 티슈는 폭력을 상징한다. 그가 내린 폭탄주를 주워 마시다 한 선생이 사망하는 사고가 일어났음에도 그의 자리는 요지부동이다.

〈마더〉에 등장하는 변호사는 학장과 비슷한 인물이다. 동네에서 일어난 살인사건을 만만하다고 여겼을 그는 피의자를 만난 뒤로 슬슬 뒤로 빠진다. 피의자의 엄마가 백방으로 뛰어다닐 때도 그는 사건에 별 관심을 기울이지 않는다. 엄마가 경찰서에서 수모를 겪은 날, 그는 엄마를 룸살롱에 초대한다. 검사와 정신병원장이 술에 취해 쓰러진 자리에서, 그는 '4년의 정신병원행'을 제안하며 얄밉게 '법률적 대박'을 외친다. 이쯤 되면 봉준호의 영화에서 길을 제시하거나 귀감이 되는 시니어에 대한 기대감은 없어진다. 다만, 봉준호가 손가락질의 대상으로 삼기 위해 노인이나 시니어를 구상하는 것 같지는 않다. 그들에게 부정적인 이미지를 안기면서까지 말하고 싶은 것, 그게 다음 질문이다.

알지만 말하지 않는다

〈마더〉는 봉준호의 영화 가운데 노인(시니어)이 주연으로 나오는 유일한 작품이다. 극중 살인범으로 몰린 도준의 엄마는 진실을 찾아 세상을 헤맨다. 여기서 진실이란, 자기 아들이 살인범이 아니라는 증거의 다른 말이다.

이 말을 뒤집으면 무섭다. 만약 아들이 살인범이라는 것을 알게 되면, 즉 그녀가 믿는 진실의 다른 얼굴과 마주하면 엄마는 어떤 행동을 할 것인가. 그녀는 도준이가 다섯 살 적에 동반 자살을 시도했다 실패했다. 그 여파로 머리에 문제가 생긴 도준은 자기가 벌인 일조차 제대로 기억하지 못한다. 그날 밤의 살인사건도 그중 하나다. 살인자가 살인을 기억해내지 못하는 상황 아래, 마을 외곽에서 고물상을 하는 노인이 살인을 목격했음이 드러난다.

'드러난다'는 표현은 관객에게만 해당한다. 노인은 도준이와 죽은 소녀 사이에서 벌어진 일을 지척에서 보고 또렷이 기억한다. 하지만 그는 그날 이후 누구에게도 사실을 말하지 않았다. 이유는 그가 현장에 있었던 사실을 밝히기가 민망하기 때문이다. 죽은 아이는 가난한 형편에 몸을 팔며 돈이나 쌀을 받았는데, 노인은 그날 밤에 쌀을 들고 나섰던 참이었다.

이후 그는 도준이가 현장 검증에 나온 걸 보았으므로 굳이 목격자로 나설 필요는 없겠다고 자위했을 터였다. 그런 그가 하필이면 도준의 엄마 앞에서 '못 볼 걸 봤노라'고 털어놓는다. 무료로 침을 놓아준다는 그녀를 보고 딴마음을 품다 정신이 풀어진 탓일지도 모른다. 노인의 목격담을 들은 도준의 엄마는 진실을 덮기로 마음먹는다. 그녀는 "아니야, 절대 아니야"라는 말로 애써 진실을 부정한다.

이건 좀 이상한 결과다. 〈마더〉는 진실을 찾아 헤매던 사람이, 자기가 찾던 진실이 자기가 찾던 것과 다르다는 이유로 정반대의 행동을 하게 된다는 이야기다. 관객은 영화의 제목처럼 '엄마'니까 그럴 수도 있겠다고 애써 모른 척할 수 있다. 그녀는 아들을 위한답시고 살인까지 해야만 했던 엄마다. 용서는 못할지라도 이해는 할 수 있다고 여겨질 것이다. 그렇지만 엄마 자신은 아들의 살인과 자신의 살인으로부터 자유로울 수 없다.

그녀는 기회가 있을 때마다 '가슴에 맺힌 걸 풀어주는 침 자리'가 있다고 주변 사람에게 말해왔다. 정작 그녀에게 허벅지를 내주는 사람은 없었는데, 엔딩에서 그녀는 침을 꺼내 자기 허벅지에 찌른다. 그녀는, 세상에서 살인의 진실을 유일하게 아는 자신의 기억에 문을 걸어 잠그기로 결정한다. 그녀의 마음이 통했는지 그녀는 다른 아주머니에 묻혀 막춤을 추어댄다.

앞서 면회를 갔던 장면에서 도준과 엄마가 나누는 대화를 떠올려보자. 도준은 엄마에게 "엄마는 알지도 못하면서"라고 핀잔을 준다. 엄마는 "그래, 엄만 모른다. 엄마가 뭘 알겠니"라고 답한다. 그러나 도준은 다시 "모르면 가만히 있던가"라고 말한다. 진실을 찾아야 하는 영화에서 정작 가장 답답해야 할 두 인물이 안다는 것과 모른다는 것을 두고 저렇게 실없는 대화를 이어간다.

그들을 보노라면, 그들에게 중요한 건 진실을 아는 게 아닌 것 같다는 의심을 품게 된다. 노인과 도준의 엄마가 진실을 두고 하는 행동은 그런 의심 아래 이해된다. 〈마더〉에서 노인과 도준의 엄마가 진실 앞에서 벌이는 시니어의 행동 패턴은 봉준호의 다른 영화에서도 자주 발견된다. 〈플란다스의 개〉의 변 경비는 강아지가 누군가에 의해 죽임을 당했음을 알면서도 나서지 않는다. 〈괴물〉의 미군 상관은 독극물을 몰래 한강에 버리라고 명령한다. 〈옥자〉에서 미란도 그룹의 경영진은 유전자 조작으로 만들어낸 슈퍼 돼지의 비밀을 소비자들에게 숨긴다. 〈기생충〉에서는 지하의 공간을 둘러싸고 서로 주인에게 밝히지 못하는 침묵의 연대가 형성된다. 왜 그들은 진실을 알고서도 말하지 않는 것일까.

노인을 위한 나라는 없다

봉준호의 영화에서 어떤 시니어는 숨긴 채 존재한다. 대표적인 예는 〈기생충〉의 건축가 남궁현자다. 기사 속 사진으로 잠시 보일 뿐인 그는 배경이 되는 집을 직접 설계하고 거기에 거주했던 인물이다. 이 현대적인 건물은 비밀스러운 공간을 숨기고 있다. 오래 전부터 그 집에서 가정부로 일해온 문광은 그 공간에 대해 나름대로 해석—전시를 대비한 벙커, 혹은 채권자들이 들이닥칠 경우에 숨을 대피처 - 한다. 앞뒤 어느 경우든 현대적인 공간에 걸맞는 설명이 되지 못한다. 그래서일까, 문광은 남궁이 집을 팔면서 그 공간에 대해 말해주지 않은 이유를 "아마도 창피해서"라고 짐작해본다.

어쨌든 이유는 여기서 논의 대상이 아니다. 중요한 사실은, 창피했든 아니면 실수로 까먹었든 남궁이 다음 집주인에게 지하의 이상한 공간에 대해 함구했다는 점이다. 어떤 이유를 대든 보기에 괴상한 일이며, 남궁은 무언가를 알면서도 말하지 않는 봉준호 영화의 시니어 가운데 한 명으로 남는다.

봉준호 영화에서 시니어들이 알면서도 말하지 않는 것 중에는 사소한 것도 있고 어마어마한 비밀도 있다. 앞의 경우라고 해서 그냥 넘어가고 싶지 않은 건, 봉준호의 영화에서 시니어들이 거의 습관처럼, 혹은 반복해서 진실을 말하지 않아서다. 결국 그들은 무언가를 말하지 않는 것을 넘어 '거짓말을 하고 있다'는 인상을 띤다. 말을 하지 않는데 거짓말을 하고 있다? 무슨 말인가. 역설의 답은 〈설국열차〉에서 시니어의 입을 통해 직접 발설된다. 〈설국열차〉의 이야기는 지배자가 억압하는 상황에 맞서 피지배자들이 봉기해온 역사를 은유한다.

그렇다면 커티스와 그를 추종하는 하층 세력들의 행위에는 어떤 레벨의 이름을 붙이면 적당할까. 말한 대로 봉기 정도가 어울리지 싶다. 다시, 그렇다면 그들의 행위에 왜 '혁명'의 이름을 붙일 수 없는 것일까?

17년을 바깥 세상에서 살다 17년 동안 열차 속에서 지낸 커티스는 바깥의 냄새와 기억들을 슬슬 잊어버리기 시작한 존재다. 삶의 전환점이 된 사건을 겪은 후 그는 길리엄을 스승으로 따르며 지내왔다. 길리엄이 연로해지면서 하층 계급의 리더로 부상한 그는 마침내 '성스러운 엔진'이 있는 맨 앞까지 전진하는 데 성공한다.

엔진의 수호자인 윌포드는 '열차 전체를 걸어본 첫 번째 사람'인 커티스가 이끈 봉기를 '커티스 혁명'이라 명명한다. 과거에, 열차가 운행을 시작하고 3년이 되던 해에 7명의 승객이 열차를 멈추고 바깥으로 나가기를 시도한 적이 있다. 그들은 곧 얼어붙어버리면서 '7인의 반란'이라는 사건은 실패한 것으로 알려졌다. 성공과 실패라는 관점에서 보면 커티스는 혁명의 리더이고, 7명의 승객은 실패한 반란자다. 그러나 위에 언급한 것처럼 나는 커티스의 봉기에 혁명이란 이름을 붙이지 않는다.

커티스는 스승으로 알았던 길리엄이 사실은 월포드와 내내 협조해 왔음을 알고 경악한다. 월포드는 폐쇄된 생태계인 열차가 계속 달리기 위해서는 균형을 유지하는 게 최선의 방책이라는 결론을 내렸고, 그것을 위해 맨 뒤에 자리한 또 다른 지도자인 길리엄과 파트너이자 친구로서 공조해왔던 것. 그리고 봉준호의 다른 시니어처럼 그들은 그들의 공조를 숨긴 채 '위대한 거짓말'로 열차 속 세계를 유지하기로 결정한다.

이제 월포드는 커티스가 자신의 뒤를 이어 엔진을 돌보기를 원한다. 커티스는 은연중에 기존의 시스템에 적응한 인물이다. 그는 열차의 꽁무니에서 출발해 맨 앞에 위치한 신성한 엔진 칸으로 전진할 수는 있어도, 그의 사고는 열차라는 한정된 공간 안에 머물러야 한다는 인식에서 벗어나지 못한다. 그와 그의 추종 세력이 설령 상류층과 자리바꿈한다고 하더라도, 열차라는 시스템이 유지되려면 그도 어쩔 수 없이 현재의 수장인 월포드의 방식을 따르거나 기껏해야 변경하는 수준에서 진행할 것이다. 열차의 진실을 깨닫는 그와 비교해, 달리는 열차의 문을 여는 역할은 설국열차 이전의 세상을 알지 못한 소녀와 소년의 손에 맡겨진다. 눈 위로 첫 발걸음을 내딛는 것도 그들이다.

봉준호는 자기가 꿈꾸는 미래를 스스로 밝힌 적이 없다. 거꾸로, 그가 원하는 세상을 막는 존재가 누군지 드러냄으로써, 그가 희망하는 세계를 눈치채도록 만든다. 영악한 방식이다. 7편의 영화에서 그는 방해꾼의 역할을 주로 노인과 시니어가 맡도록 설계했다. 시니어의 대표자 격인 희봉이 계속 실패하듯이, 방해꾼으로서의 시니어들은 봉준호의 영화에서 줄곧 실패로 여정을 마친다. 봉준호는 그것이 맞다고 생각한다. 데뷔작을 내놓을 즈음의 봉준호는 20대와 막 결별하던 때였다.

이후 20년의 시간이 흐르면서 그 또한 시니어의 위치로 조금씩 이동하게 되었지만, 그의 영화에서 시니어의 역할은 변함이 없다. 초기에 계획했던 대로 자기 목소리를 낸다는 것, 그리고 시간이 흘러도 변명하지 않는다는 것, 그게 그의 영화가 젊음을 유지하는 방식이다.

그의 영화에서 시니어의 역할은 변함이 없다. 초기에 계획했던 대로 자기 목소리를 낸다는 것.

그리고 시간이 흘러도 변명하지 않는다는 것, 그게 그의 영화가 젊음을 유지하는 방식이다.

하녀

04

하녀,

다른
생각을
품다

이용철

〈초우〉 vs 〈하녀〉: 하녀, 다른 생각을 품다

요즘엔 가사도우미 등의 호칭으로 불리고 있으나, 예전엔 집에서 부엌일 등을 담당하는 노동자에게 '식모, 가정부'라는 명칭을 사용했다. 김기영 감독은 특이하게 하녀에서 제목을 딴 영화를 만들었는데, 외국어 '핸드메이드' 즉, '하녀'라는 명칭은 근대화 이후의 한국에서는 별로 사용되지 않은 호칭이다. 1960년대에 서민을 주인공으로 내세운 대중영화가 사랑을 받았던 까닭인지, 당시 영화에서 가정부가 주인공으로 등장하거나, 아예 제목에 사용하는 영화를 여럿 볼 수 있다. 그 시기 드라마나 코미디에서 가정부는 아주 비중 있는 역할을 맡았다. 단순히 감초 역할에 그친 영화들과 비교해 〈초우〉(1966)와 〈하녀〉(1960)의 주인공은 독특한 자리를 점유한다. 전혀 다른 성격과 장르의 두 영화에서 그만큼 다른 스타일의 가정부가 등장해 시대의 정서를 읽도록 돕는다. 같은 가정부를 두었지만 두 영화의 배경이 되는 집안부터 사뭇 다르다. 전자의 집주인이 최상위 계급에 속한 대사관의 가족이라면, 후자의 집주인은 이제 갓 이층집을 마련해 중산층을 꿈꾸는 음악가의 가족이다. 그러한 계급적 차이가 가정부와 집주인 사이에 완전히 다른 드라마를 형성한다.

비극적 로맨스인 〈초우〉의 여주인공 영희는 우연히 만난 철수에게 반한다. 대학생이면서 정비공으로 일하는 철수는 유명기업인의 아들로 행세하고, 마찬가지로 자기 신분을 밝히지 못하는 영희를 대사의 딸로 여긴다. 1960년대 중반을 배경으로 한 영화에서 인물이 이미 신분을 고착화된 것으로 받아들이는 게 눈에 띈다. 계급에 저항한다거나 자기 손으로 계급을 이동할 의지가 없는 건 말할 것도 없다. 예쁜 옷을 입고 공주처럼 살고 싶은 영희는 계급에 대한 의식이 아예 없는 인물이고, 돈 많은 여성에게 기생했던 전력이 있는 철수는 신분 상승을 가능하게 해줄 무지개 같은 다리를 추구하며 산다. 철수의 주변 친구들은 더 심해서, 어지간한 청춘은 낭만적으로 보이게 만들 정도로 퇴폐적으로 묘사되었다. 거짓이 들통나 진실과 대면한 순간, 더없이 상냥했던 남자는 폭력적인 얼굴로 돌변한다. 계급의 매력은 대단한 것이어서, 마음속에 간직한 사랑과 신뢰로도 현실을 이겨내지 못한다. 사소한 인물까지 포함해 등장하는 모든 인간이 돈 또는 그것을 대체할 재화로 연결된 영화에서 어쩌면 당연한 일인지도 모른다.

〈초우〉에서 영희와 주인집 가족 간의 관계가 부각되지 않는 것과 달리, 〈하녀〉는 가정부와 주인집 가족 사이에서 벌어지는 파국에 관한 영화다. 갓 시골에서 올라온 가정부는 다소 야만적인 인물이다. 동식의 처가 기겁할 정도로 징그럽게 여기는 쥐를, 그녀는 아무렇지 않게 손으로 때려잡는다. 그런 면모는 이내 위협적인 요소로 기능한다. 처가 친정에 간 틈을 타 동식에게 접근해 잠자리를 가지고, 아이를 뺐다는 이유로 권리를 주장한다. 셋째 아이의 출산을 앞둔 동식의 처가 낙태를 요구하면서, 동식 가족과 가정부의 관계는 험악한 지경에 돌입한다. 인간관계에서 '돈'은 〈하녀〉에서도 중요한 의미를 지닌다. 공장에서 음악을 가르치는 동식은 피아노를 장만했다며 밑천을

뽑을 수 있도록 개인교습에 와달라고 홍보한다. 동식의 아내는 가족을 먹여 살리기 위해 10년 넘게 재봉틀을 돌리느라 건강을 망쳤을 정도다. 〈하녀〉의 여주인공은 작곡가 동식의 집에 가정부로 일하게 되는데, 일자리를 제안받고 처음 했던 질문은 "얼마 줘요?"였다.

여기서 흥미로운 건, 양 계급이 삶과 돈의 가치를 인지하는 바를 김기영이 풀어놓는 방식이다. 영화의 초반, 노동을 마치고 옷을 갈아입은 여공들은 '무엇을 위해 사느냐'를 두고 다툼을 벌인다. 그중 한 인물은 음악선생을 향한 연정을 품다 스스로 삶을 마감한다. 건강하고 열정적으로 묘사된 여공들과, 중산층으로 이동하기 위해 돈에 목숨을 거는 동식의 가족은 선명하게 대비된다. 이층집을 마련한 뒤에도 동식의 처는 TV를 장만하려고 계속 재봉틀을 돌리는데, 마침내 TV가 들어온 날 동식의 딸이 처음 한 말은 "우리가 이 동네에서 제일 부자"다.

영화가 파국으로 향할수록 양 계급의 성격은 더욱 선명해진다. 동식의 부부가 제일 걱정하는 건 가장의 일자리다. 가정부의 임신이 세상에 알려지면 동식이 일자리를 잃을 테고 가족의 생계도 끊길 거라는 공포가 그들을 엄습한다.

클라이맥스로 향하면서 양극으로 벌어지는 인물은 동식의 처와 가정부다. 하찮은 존재로 취급받던 여성, 여공들에게 담배 피우는 거나 배우던 야만의 여성이었던 가정부의 행동은 아예 계급성을 초월한다. 그녀의 특징적인 행동은 항상 누군가를 바라보거나 관찰한다는 데 있다. 그런 관찰을 통해 관계의 현실을 정확하게 인식하게 된 그녀의 대사는 "이 집과 당신(동식)은 내 것이라는 걸 알려줘요"에서 "내가 망했으니까 이 집안도 다 망해야죠"로 변한다. 그녀의 생각은, 경제적인 소유(혹은 지위)에서 인간이 추구할 수 있는 관계의 정점인 행복의 방향으로 전개된다. 그녀가 동식과 자신의 잔에 쥐약을 넣고 마시는 태도는 결연하다. 반면, 동식의 처는 2층에서 절멸의 상황이 벌어지는 와중에도 돈 한 푼을 더 벌려고 재봉틀을 돌린다. 남편과 가정부의 시신을 목격한 그녀가 할 수 있는 말이라곤 "새집을 탐내지 않았다면 이런 일은 생기지 않았을 걸"이 다다.

〈어느 하녀의 일기〉를 읽다

익히 알려졌듯이 〈하인〉은 봉준호의 불온한 사상에 큰 영향을 끼친 작품 중 한 편이다. 그러한 작품의 리스트는 조셉 로지의 〈하인〉(1963)에서 클로드 샤브롤의 〈의식〉(1995) 등으로 점점 더 확장됐다. 이들 작품에서 하인이나 하녀는 지위의 전복을 꾀한다. 김기영이 사회의식을 의식해 결말에서 신문 기사를 따온 것과 달리, 로지와 샤브롤의 영화는 거침이 없다. 〈하인〉의 베렛은 주인으로 모시던 토니의 삶을 통째 뒤집어버리고, 〈의식〉의 소피와 잔느는 우아한 부르주아 가족 전체를 향해 총을 겨눈다. 관객의 불편함 따위는 신경도 안 쓴다는 투다.

이들 작품과 〈기생충〉 사이에 뭔가 빈 듯한 느낌이 든다면, 칠레 감독 세바스티앙 실바의 위험한 작품 〈하녀〉(2009)를 추가해도 좋겠다. 대체로 '하녀'를 주제로 영화를 만든 감독들은 부르주아 출신으로서 하녀를 부려본 경험이 있는 자들이며, 그런 감독들의 기원을 밟아가면 장 르누아르와 루이스 부뉴엘을 만나게 된다. 그렇다면 이들 영화는 죄의식의 산물인 걸까.

르누아르의 〈어느 하녀의 일기〉(1946)와 부뉴엘의 〈시골 하녀의 일기〉(1964)는 하나의 뿌리에서 출발한 작품이다. 옥타보 미르보가

1900년에 출간한 원작소설은 이후에도 여러 버전의 영화를 낳았는데, 근래 나온 브누와 자코의 〈어느 하녀의 일기〉(2015)도 그중 하나다. 흥미로운 인물들이 수없이 등장하는 이야기에 매료된 감독들이 참 많기도 하다. 얼마 전 번역된 〈어느 하녀의 일기〉의 뒷표지를 보면 '부르주아 계급의 위선과 인간의 이중성을 풍자한' 소설로 소개하고 있다. 미라보의 원작을 소개하는 데 무난한 표현이기는 하다. 하지만 그것으로는 부족하다. 한 세기가 바뀌는 시간에 미라보가 쓴 소설의 혁명성은 장편의 끝부분 즈음에서 발견된다.

소설의 주인공 셀레스틴이 결혼을 앞두고 마지막으로 모시던 집안에 도둑이 든다. 처음엔 주인 내외에게 동정심을 느꼈던 그녀는 이내 범죄가 주는 황홀한 감탄에 사로잡힌다. 그녀의 논리는 이러하다. '그들(주인 내외)은 너무 인색해서 가난한 사람들의 배고픔을 덜어줄 줄 모르고, 마음이 너무 메말라서 고통 받는 사람들의 고통도 위로할 줄 몰라. (중략) 그런 그들을 내가 동정해야 하나? 아! 아니야. 정의의 신이 그들에게 벌을 내린 거지. 그들이 가진 재산의 일부를 그들에게서 빼앗음으로써, 숨겨져 있던 보물에 공기를 불어넣음으로써 그 선한 도둑들이 균형을 잡아준 거야' 굳이 결말을 이야기하자면, 셀레스틴은 한 남자와 결혼해 도시에 카페를 차린다. 그 돈의 출처가 위에 언급한 범죄의 결과라고 해도 별로 놀라운 일은 아니다. 착하게 복종해 번 돈으로는 셀레스틴 부부가 계급을 바꿀 기회를 얻기 힘들었을 터다. 따지자면 로지의 〈하인〉은 로빈 몸의 소설과 해롤드 핀터의 각색을 거친 것이고, 샤브롤의 〈의식〉은 루스 렌들의 소설이 출발점임을 모르는 건 아니다. 하지만 르누아르와 브뉘엘과 샤브롤과 로지가 전부 마음을 뺏긴 부분이 여기일 것임을 나는 의심하지 않는다.

〈기생충〉, 기생충으로 남다

〈하녀〉에서 동식의 아들이 하녀를 '거지'라 부르자, 그걸 들은 누이가 "일하면서 밥 먹는 사람은 거지가 아냐"라고 고쳐준다. 스쳐 지나가는 대화처럼 들리는 이 말은 하녀가 등장하는 영화들에 중요한 개념 하나를 제시한다. 하녀를 부리는 영화 속 인물들은 예술에 밝고 우아한 삶에 길든 사람들로 묘사된다. 또 다른 공통점은 그들 중 누구도 일을 하지 않는다는 데 있다. 대표적인 인물이 〈하인〉의 토니다. 선대가 물려준 재산으로 자신만의 집을 구한 그는 어떤 일도 하지 않는다. 말로는 남미 브라질에서 개발 사업을 하겠다 하지만, 그는 한 번도 일하는 모습을 보여주지 않는다. 하인으로 일하는 바렛이 "제발 일자리를 구하라"고 충고해도 그는 아무런 반응을 하지 못한다. 청소부터 먹을거리 하나까지 자기 손으로 처리하지 못하는 그는 하인에게 끝없이 의존하는 존재로 변한다. 그러면서도 바렛에게 "네 신분을 잊으면 안 돼, 넌 하인이야"라고 말하는 무능한 존재인 토니야말로 영화가 조롱하는 대상이다.

〈기생충〉을 보면서 누구나 했음직한 질문은 '누가 기생충인가'일 것이다. 처음에는 동익의 집안일에 집안 전체가 뛰어든 기택의 가족이 기생충처럼 보였고, 조금 지난 뒤에 등장하는 문광과 근세 부부도 그런 식으로 보아 기생충 군(群)에 추가된다.

그런데 '일하면서 밥 먹는 사람은 거지가 아냐'라는 논리를 따르면, 기택 가족으로선 기생충이란 말을 듣기엔 섭섭하다. 먹고 살기가 어렵던 차에 거짓말을 해가며 동익의 집에서 몇 가지 일자리를 구하기는 했지만, 그들이 제공하는 노동과 서비스의 질은 나쁘지 않다. 동익과 아내, 딸과 아들 중 기택 가족의 서비스에 불만을 느끼는 사람은 아무도 없다는 게 증거다. 오랜 경험에서 우러난 서비스라는 점에서 문광도 빠지지 않는다. 전문가 집단의 평가를 받는다면 모를까, 그들은 모두 서비스에 능한 일급 아마추어로 행세한다. 그러나 그것도 어디까지나 노동자의 위치에 임할 때 이야기다. 〈기생충〉의 하인과 하녀들은 위에 언급한 영화에 나온 선배처럼 굴지 못한다.

인류 역사에서 근대화 과정의 가장 큰 맹점은 토지의 공유화 개념이 실현되지 못한 데 있다. 토지와 건물을 가지지 못한 계층은 그것을 당연히 주어진 조건으로 생각한다. 기택 가족과 문광 부부 가운데 〈어느 하녀의 일기〉의 셀레스틴처럼 생각하고 행동하는 사람은 아무도 없다. 그들이 간혹 동익의 집을 점유하고 누릴 때가 없는 건 아니다. 하지만 그럴 때 그들의 모습은 바퀴벌레의 그것과 다를 바 없다. 주인이 집을 비울 때면 슬금슬금 기어 나와 먹고 마시며 즐긴다. 문광 부부는 우아한 음악에 춤까지 췄더랬다. 그러나 주인이 등장하자마자 그들은 잽싸게 어둠 속으로 기어들어야 한다. 멀쩡한 사람이라면 탁자 밑에 일가족이 누워 숨을 죽이는 일은 하지 않을 테지만, 기택과 딸과 아들은 동익 부부가 섹스를 할 동안, 그리고 섹스 후에 잠들 때까지 탁자 밑에 숨어 있어야 했다. 그중 최고는 문광의 남편 근세다. 그는 동익이 지하의 공간을 허락이라도 해줬다는 듯이 무한한 존경을 표한다. 그는 때때로 모스 부호로 동익에게 고마움을 표현하지만, 동익은 그의 존재조차 모른다.

〈하녀〉와 〈초우〉가 나오고 60년 정도의 시간이 흘렀다. 인류의 역사가 진보의 방향으로 전개될 것이라고 믿는 건강한 사고를 지닌 사람이라면 〈기생충〉의 시계가 이상하다고 여길 것이다. 기택의 가족은 자신들이 잠시 머무는 공간의 주인처럼 되겠다는 꿈을 꾸지 못한다. 그러니 주인 가족의 삶을 뒤집어엎는 일은 언감생심 정도를 넘어선다.

그들은 왜 60년 전의 하녀가 했던 일을 하지 못할까. 현실의 계급이 더욱 견고하고 높은 벽을 형성했기 때문이다. 동익의 가족이 캠핑을 떠날 동안, 기택의 가족은 거실에 앉아 창밖에 내리는 비를 본다. 기택과 가족은 비와 그들 사이에 놓인 거대한 유리로부터 보호받는 다고 착각한다.

같은 날 밤, 그들은 자기 집으로 돌아오자마자 착각에서 깨어난다. 비는 공격이라도 하듯 반지하 집을 가득 채운다. 근대화가 진행되면 서 집을 소유한 사람이 집 하나를 더 구할 동안, 집을 소유하지 못한 사람이 집 하나를 얻을 가능성은 점점 더 낮아졌다. 80년대 이전까지 중산층 이하의 가족이 집을 구하는 건 노력에 따라 가능했지만 지금 은 불가능한 일이 되었다.

〈기생충〉은 기택의 아들 기우가 언젠가 아버지를 만날 날을 편지로 기약하며 끝을 맺는다. 기우의 바람은 아름답지만, 기실 그것은 기약 없는 꿈에 불과하다. 21세기의 기우는 〈하녀〉의 하녀는커녕 〈초우〉의 영희만 못한 존재로 추락했다. 입으로 공허한 약속을 전하는 그는 행동의 근처에도 가지 못한다.

봉준호 코드

Bong Joon Ho Code

- 이미지 -

계단

05

계단에서는

늘

미끄러진다

정
민
아

　우연인지 공교롭게도 한국영화가 100년이 되는 해인 2019년에 〈기생충〉은 칸영화제 황금종려상을 들어 올렸다. 봉준호는 수상 소감에서 "한국영화 100주년에 주는 선물"이라고 말했다. 그 말로 인해 해외에서도 많은 사람이 한국영화가 1919년에 와서야 만들어지게 된 것을 알았다. 〈의리적 구토〉(김도산)가 상영된 1919년 10월 27일을 봉준호는 염두에 두고 있었고, 그는 세계에 한국영화사를 알리는 것뿐만 아니라 〈기생충〉이 정확하게 한국영화사의 세례를 받은 한국영화임을 알린 것이다. 그는 김기영 감독에 대한 존경심을 수시로 말해왔고, 〈기생충〉 역시 김기영의 〈하녀〉(1960)의 계단 이미지에서 영감을 얻었다고 강조했다.

계단과 영화사

　영화사에는 다양한 계단이 존재한다. 세르게이 에이젠슈테인의 〈전함 포템킨〉(1926)의 계단은 짜르에게 탄압받는 가난한 민중의 희생과 제의의 상징이며, 앨프리드 히치콕의 〈오명〉(1946)의 계단은 비밀 나치 단원이 추락을 예감하면서도 오르지 않을 수 없는 막다른 곳이다. 막스 오퓔스의 〈쾌락〉(1952)의 계단은 쾌락 뒤 찾아오는 씁쓸한 비애를 상승과 하강 이미지로 활용하는 공간이며, 조셉 로지의 〈하인〉(1963)의 대저택 계단은 부르주아와 프롤레타리아 계급 간의 심리적 긴장 관계를 표현하는 은유적 장치다. 멜로드라마의 거장 더글라스 서크는 계단을 끝없는 상승 욕구가 불러일으키는 심리적 타락의 상징기호로 그리곤 했다.

　서양 부르주아 계단의 화려한 미장센이 없는 동양영화의 비교적 소박한 계단 이미지도 영화 역사에서 중요한 의미가 있다. 일본 전후세대 영화의 상징이 된 감독인 오스 야스지로가 필생에 걸쳐 영화에 담은 계단은 일층과 이층 두 세계, 즉 구세대와 새로운 세대를 분리하는 씁쓸한 상징 장치다. 김기영의 계단과 이만희의 계단도 한국영화사에서 소중한 의미로 기억된다. 김기영의 〈하녀〉는 계단을 통해 계급상승의 욕망과 좌절을 은유하고, 이만희 감독의 〈마의 계단〉(1964)에서 계단이란 오로지 성공 목표를 위해 도덕관념 없이 못된 꿈을 꾸는 자가 파멸로 향하는 기호로 활용된다.

'계단'은 위에서 제시한 것처럼 영화적 비유로 흔히 활용된다. 이른바 '계단 시네마'다. 〈기생충〉은 계단을 활용하여 우리가 사는 시대의 고착화된 계급 문제를 유머 요소로 활용한다. 그리고 점차 서사가 진행되어 갈수록 이 계단은 우리 시대가 벗어날 수 없는 혼탁한 지옥도를 펼쳐 보이는 신랄한 풍경이 된다. 계단은 〈기생충〉의 서사적 진행과 이면의 철학을 드러내는 가장 중요한 공간이자 무기이지만, 봉준호 영화에서 계단은 이미 여러 차례 영화적 전환의 중요한 순간에 사용되었다.

도덕의 장소와 위반의 장소를 가르는 계단

서울이 아파트 생활권으로 들어선 1980년대에 대단지 아파트 생활을 경험한 봉준호는 지하로 연결되는 언캐니(uncanny, 익숙한 낯설음)한 이미지인 계단에 대한 무의식적 공포를 느끼고 있다고 고백한

적이 있다. 계단을 통해 천천히 드러나는 지하실 풍경은 기이하고도 재미있는 공간이다. 늘 마주하는 친숙한 곳이지만, 그곳에 가면 무서운 무언가가 있을 것 같은 두려움도 함께 존재한다. 이러한 어린 시절 체험이 데뷔작 〈플란다스의 개〉에 표현된다. 이 영화에서 계단은 부도덕한 행실을 은밀히 가리거나 죄책감을 불러일으키지만, 쾌감을 주는 언캐니한 곳인 지하실로 직행하는 통로다.

경비원 변씨(변희봉 역)는 자신만의 거실을 꾸미듯이 버려진 가구와 주방 기구로 지하실을 완벽히 자신만의 생활 공간으로 만들었다. 그곳에서는 노인이 남의 눈을 피해 개고기를 요리해 먹을 수 있고, 대학 시간강사 윤주는 평소 심기를 건드리는 강아지를 몰래 매달아 놓을 수 있다. 윤주가 강아지를 장롱에 가둔 채 지상으로 올라가는 아파트 건물 계단은 다시 도덕적인 사회생활 영역으로 들어서기 위한 통로다. 그는 경비원의 뒷모습을 보면서 죄책감을 느끼지만, 결국 개 납치 행위는 순조롭게 경비원에게 덮어씌워질 것이다. 부도덕에 대한 죄책감 역시 지하실에 놓아두었기 때문이다. 마치 자신의 잘못을 의식에서 지워버린 채 은밀하게 무의식으로 밀어버리고는 애써 잊어버리는 것처럼, 영화에서 계단은 죄책감에서 벗어나서 일상으로 돌아가기 위해 통과해야 하는 필수적 장소다.

〈살인의 추억〉의 주요 공간인 경찰서에는 계단을 내려가면 비밀스러운 공간으로 연결된다. 그곳은 형사들이 범인을 심문하는 곳이지만 실은 고문이 암암리에 자행되는 곳이다. 1980년대 도시 변두리 도농복합시에서 벌어진 연쇄살인 실화를 기초로 한 이 영화는 한국의 군부독재 시절인 1980년대 상황을 압축적으로 은유하는 공간으로 시골 마을과 경찰서를 다룬다. 취조실이자 고문실인 지하 공간에는 이성이 작동하지 않는 채 폭력이 난무한다.

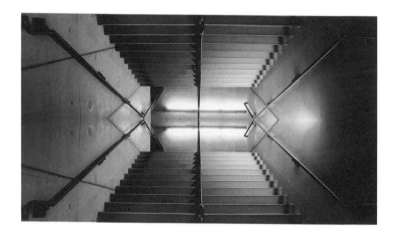

불법 정권 찬탈 수단인 쿠데타로 정권을 수립한 전두환 정권은 표면적으로는 시민의 민주주의 열망을 잠재우고자 문화적으로 각종 유화정책을 단행했다. 이러한 유화책 아래로 민주화 세력에 대해서는

이전보다 더 교묘하고 악독하게 압박을 가했다. 운동권 대학생들이 낮에는 도심에서 민주화 시위를, 심야에는 남몰래 〈애마부인〉을 감상하며 의식과 일상의 불일치로 인해 불안해했다는 고백은, 정권의 계획된 이중정책에 의한 것이다.

계단은 법과 질서, 이성의 공간인 지상의 경찰 사무실에서 무질서와 폭력의 공간인 지하실로 가기 위해 필수적으로 거쳐야 하는 곳이다. 제도, 국가, 사회, 규율, 법에 포섭되거나 용인되지 않는 일이 행해지는 곳인 지하로 가기 위해 등장인물들이 계단으로 오르락내리락하는 것은 이성과 광기의 경계를 넘나드는 일이다. 용의자를 고문하기 위한 비밀스러운 곳으로 향하는 계단을 서울에서 내려와서 프로파일링 기법을 쓰는 신세대 형사 서태윤만은 오가지 못한다. 이 공간은 공식적으로는 부재의 공간이며, 직감, 미신, 고문 등 구시대적 수사 방식을 고수하는 곳이기 때문에 냉철하고 이성적인 과학수사와는 양립할 수 없다.

새로 부임한 경찰 반장(송재호 분)이 지하 공간을 거의 장악하고 있는 단순하고 폭력적인 조용구 형사(김뢰하 분)를 혼내기 위해 계단을 향하자 조 형사는 계단에서 굴러떨어진다. 이 행위가 주는 의미는 심오하다. 이는 지식이 얕은 자신의 실체를 가리기 위해 성질을 못 이기고 점점 폭력적으로 돼가는 조 형사가 합법적이고 정상적인 경찰 세계에서는 버티지 못할 것이라는 점을 암시한다. 조 형사의 발길질은 국가가 은폐해온 감금, 고문, 폭력 행위에 대한 보호막이 강력하게 존재하는 지하에서만 사용할 수 있다. 어느 날 조 형사가 민간인이 오가는 술집에서 뉴스를 보고 분개한 대학생을 상대로 폭력을 벌이고 만다. 이는 계단 아래 지하 공간에 한정된 예외 규칙을 벗어나는 일이다. 조 형사는 결국 폭력이 자신에게 되돌아와 파상풍으로 다리를 잘라내고 형사직을 떠난다. 하지만 계단에 올라서면 합법과 이성이 정당하게 작동하는 지상 공간인 것도 역시 아니다. 유력한 살인 용의자 박현규(박해일 분)의 알리바이가 풀려나자 다시 자유로워지는 것도 계단에 올라서는 것과 함께 시작한다. 서 형사가 지하 공간에 포함된 존재가 아니므로 계단을 내려가지 않은 채 계단 중간에 앉은 채 바라보는 것은, 그가 광기와 폭력의 순공간의 존재는 용인하지만 직접 발을 담그지 못하는 위치를 나타낸다. 다만 서 형사는 박현규를 심문할 때만 유일하게 지하실에 내려간다.

이때 그는 평소의 자신과 다르게 이성을 잃고 용의자를 윽박지르면서 점차 감정 과잉의 광기로 치닫는다. 그가 계단에 발을 딛는 것은 한순간의 실수다. 그러나 이러한 실수는 시대의 비극에 동참하는 행위자로서의 위치를 드러낸다. 전두환 정권은 광기와 폭력의 공간을 숨겨둔 채 그대로 놓아두고 계단 아래와 계단 위 두 얼굴로 통치한 비이성적 권력이다. 영화의 경찰서 공간은 1980년대 권력과 정치의 공기를 그대로 시각화하는 상징적 미장센이다.

〈살인의 추억〉에서 계단은 또한 권위주의를 상징한다. 위에서 아래로 내려오는 그곳에 여성의 자리는 없다. 권귀옥 경찰(고서희 분)은 유능하고 생존 피해자를 설득해 진술을 받아내어 수사에 결정적 도움을 주는 존재지만 1980년대 성차별 사회를 표현하는 캐릭터이므로 그녀는 법을 위반하는 중간지대인 계단에 가까이 갈 수 없다.

진짜를 알리려다 미끄러져 버린 계단

〈마더〉에서 도준(원빈 분)은 어느 어두운 밤 술에 취해 우발적으로 교복 입은 여학생을 따라간다. 그는 도시 외곽 농촌의 산길을 따라 집을 향하는 여학생을 희롱하며 계단을 따라 올라간다. "오빠랑 한번 할래? 남자가 싫으니?"라고 추파를 던지자, 여학생은 도준을 향해 돌덩이를 던지는 것으로 응수한다. 짧지만 서스펜스를 유발하는 이 장면은 오롯이 도준의 시각에서 표현된다. 다음 커트에서 도준은 잠든 엄마 곁에 누워 어린아이처럼 엄마의 가슴을 주물럭거린다. 그리고, 날이 밝은 다음 날 여학생의 시체가 건물 옥상에 널린 상태로 전시된다. 머리를 늘어뜨린 채 빨래처럼 널려 있는 여학생의 시체를 두고 집 아래에서 세 명의 형사들이 마치 사물을 놓고 품평하듯이 무심하게 그녀의 신상에 대한 정보를 나눈다.

살인 용의자가 되어 조사 중인 아들의 결백을 굳건히 믿는 엄마는 스스로 증거를 모으고 증언을 듣기 위해 나선다. 그녀는 결정적인 증언을 줄 고물상 노인을 만나고, 그는 창문 밖으로 여학생을 따라가던 도준의 행동을 자세하게 기억한다. 이제 그날 그 장면은 노인의 시각에서 플래시백된다. 여학생이 던진 돌덩이를 주운 도준은 그 돌덩이를 다시 여학생에게로 던졌다. 뭐가 어떻게 돌아가는지도 모르게 우발적으로 벌어진 일을 행한 도준을 노인은 들키지 않게 창밖으로 주시하고 있었다. 옥상으로 향하는 가파른 계단을 도준은 여학생의 다리 쪽을 잡고 질질 끌고 올라간다.

옥상 난간에 널린 시체 장면은 새로운 스토리로 전개되는 전환점이다. 형사들이 계단을 올려다보는 그 자리에 엄마도 있었다. 이로써 영화는 본격적인 미스터리 추적극의 무드로 바뀐다. 이때 계단은 그

동안 은폐되고 있던 마을의 악행이 서서히 드러나게 될 전조로써 기능한다.

영화는 범인을 찾다 아들의 범죄를 발견하고 자기 스스로 범인이 되어버린 엄마의 이야기다. 아들이 범인인 것을 엄마가 알아버린 것처럼, 도준은 엔딩에서 불타버린 고물상 잿더미에서 침통을 발견하고 노인을 불태운 자가 엄마라는 사실을 알게 된다. 죽음의 문턱에서 함께 살아남은 모자는 각자 살인을 반복하고, 또 진짜 범인이지만 발각되지 않음을 반복한다. 운명을 함께 한 모자 사이에 다른 것이 있다면, 엄마는 죄책감으로 도덕적 초자아가 흔들리는데 아들은 그렇지 않다는 것이다. 그렇다면 시체를 널기 위해 옥상에 올라가는 계단으로 다시 돌아가보자. 여학생의 뒤를 쫓아 언덕길 계단을 오르는 도준의 몹쓸 욕망은 소녀의 죽음으로 미끄러져버렸고, 그는 시체를 굳

이 힘들여 옥상 계단을 올라 전시한다. 어쩌면 자신을 드러내는 방식으로 시체를 전시한 것일지도 모른다.

여학생에게 돌을 던진 후에 어쩔 줄 몰라 안절부절못하며 기이한 행동을 했던 도준이 무겁게 시체를 옥상에 널어서 마을 사람들이 보게 만들었다는 행위는 논리적으로 설명이 어렵다. 혹시 우발적인 살인에 대한 자수의 행위일 수도 있다. 충족되지 못한 욕망 때문에 죄를 저지른 남자는 계단에 올라서며 고백을 하는 것이다. 그리고 범죄현장을 격한 고물상 노인 역시 언덕 계단을 오르는 도준을 통해 소녀의 육체에 가한 자신의 음탕한 죄를 인식하게 되었을지 모른다.

이 목격담은 결국 노인 자신의 죽음을 초래하는 원인이 되었다. 깨달음과 동시에 묻혀버린 진실이란 법과 제도가 닿지 않는 폐쇄된 지옥도로서의 어떤 장소를 은유한다. 죄는 이 가난한 폐쇄공간 안에서 계속 회전한다. 법이 닿지 않는 가난한 자들의 덮어버린 진실로 지옥이 되어버린 공간은 계단을 오르며 진실이 드러날 뻔했다가 다시 은폐된다.

계단 위를 오르며 진짜를 사람들이 알아보게 하려다 실패하는 것, 그리고 범인이 계단을 오르는 걸 목격한 사실을 말하려다 죽는 것으로 귀결되면서 사건 전체가 오인되어버렸다. 이 오인된 사건은 우리

사회가 오랫동안 가리고 억압하다가 그냥 이 모습 그대로 굳어져버린 부조리의 역사에 새겨진 불길한 얼룩이다.

이쪽과 저쪽의 데칼코마니 중간지대 계단, 장르적 전환과 위치적 전환의 메타포

〈기생충〉의 원제목은 '데칼코마니'였다고 한다. 이야기의 배경인 세 개 공간에서 거의 모든 사건이 펼쳐진다. 박 사장(이선균 분)이 사는 대저택 거실과 2층 공간, 전원 백수 가족 기택(송강호 분)이 사는 반지하 공간, 세상에서 완벽하게 사라져서 숨만 쉬면서 생명을 영위하는 근세(박명훈 분)가 숨어 있는 지하 벙커 공간이 그 세 개의 공간이다. 이 영화는 본격적인 계단 시네마이다. 〈기생충〉 이전에 계단이 무의식의 미장센, 불길한 얼룩 드러내기, 모호한 욕망의 흔적으로서 중요한 기능을 하며 봉준호 영화의 비범함과 복합 해석을 가능하게 하는 소품이지만 영화 전체를 압도하지는 않았다. 그의 영화는 상승과 하강의 수직 이미지보다는 수평 이미지를 더 깊이 각인하면서 동굴이나 폐쇄공간 배치로 현실의 지옥도를 풍자했다. 이러한 표현은 수직으로 올라가야 도달할 수 있는 계급 상승의 불가능성을 보여준다. 절대 평등하지 않으면서도 수평으로만 이동하는 아이러니가 그의 시각적 예술의 주요 표현 양태라면, 〈기생충〉은 과감하게 수직 이미지를 드러낸다.

집 형태를 가지고 현대 자본주의 사회의 계급 문제를 가시화하는 것은, 앞서 서술한 바대로 1950년대, 60년대에 니콜라스 레이가 〈실물보다 큰〉에서, 김기영이 〈하녀〉에서, 조셉 로지가 〈하인〉에서 잘 보여주었다. 집은 돈을 탐욕하게끔 만드는 자본주의적 욕망의 정점이다. 그러니 70여 년 세월이 흘러도 복층으로 이루어진 집 내부의 계단에서 탐욕의 부딪힘이 이루어지는 것이란 여전히 유효할 수밖에 없다. 봉준호는 계단 시네마의 적자로 그의 역량을 최대한 발휘한다.

기생충이란 숙주의 몸에 살면서 숙주의 영양소를 취하는 해충이다. 기택은 박 사장의 운전수로서 정당하게 노동력을 제공하고 돈을 버는 합법적 임노동자로 살아가다가 최후 순간에 기생충이 되는 상황을 어쩔 수 없이 받아들이게 된다. 박 사장의 가정부였던 문광(이정은 분)의 남편인 근세처럼 지하 세계로 숨어 들어가서 말 그대로 숨만 쉬는 인생이 되는 것이다. 박 사장네 가족이 외박을 나간 사이 기택 가족이 박 사장의 거실을 점령하던 그날, 비가 억수로 쏟아지던 날 문광은 난데없이 벨을 누르고 지하 벙커를 보여주었다. 이 순간으로 인해 영화는 세상을 풍자하는 블랙코미디에서 잔인하게 현실을 폭로하는 무서운 호러로 전환한다.

박 사장네 가족의 저택은 기택 가족의 반지하와 완벽하게 데칼코마니를 이룬다. 거울처럼 서로를 마주 대면 각각은 똑같은 모습이 아니라 정반대의 모습으로 합치된다. 비가 오는 풍경이 낭만적으로 보이는 언덕 위에 있는 침입 불가의 양옥 주택 대비, 비가 오면 쉽게 침수되고 취객이 오물을 뿌리는 반지하 집, 성공한 젊은 벤처 사업가 가장 대비, 사업에 실패하고 백수가 되어버린 중년 가장, 태어나자마자 상류층인 어린 자녀들 대비, 대입과 취업에 실패한 20대 자녀들.

다른 세상에서 살아가는 것 같은 빛의 가족과 어둠의 가족이 서로를 마주할 기회가 없는 건 아니다. 하층민과 상류층은 각자 선을 긋고 절대 그 선을 넘어서지 않은 채 존재하지만, 가끔 그 선을 넘어 서로 마주해야 할 때가 있다. 과외교사, 가정부, 운전기사는 상류층 가정에 들어가서 그들의 이너서클의 공고한 질서를 구축하는데 한몫한다. 이들은 늘 상류층 공간에 들어가 그들을 마주치지만 봐도 못 본

척하며 이내 자신의 지하방으로 내려간다.

부자와 빈자가 한 공간에 모여들어 공간을 분할한 채로 각자 모였다 흩어지길 반복하는 것은 마치 바퀴벌레가 먹이를 구하러 달려들었다가 불이 켜지면 어두운 공간을 향해 흩어지는 것과 같은 느낌을 준다.

전반부의 슬랩스틱이 깔린 왁자지껄한 소동극을 우리는 낄낄거리며 구경한다. 그러나 바로 비가 억수로 쏟아지고 기택 가족이 지하 벙커를 드러낸다. 그날 이후 세상은 상류층과 하층민으로만 이루어진 것이 아니라, 그 둘 어디에도 끼지 못하는 현대판 불가촉천민이 있다는 사실을 알게 된다. 그러자 영화는 분위기를 전환하여 우리에게 거대한 아픔과 공포를 전달한다.

중산층에서 하층민으로 떨어진 기택은 지하 벙커로 걸어 들어감으로써 기생충의 삶을 어쩔 수 없이 선택한다. 비가 억수같이 쏟아지고 반지하가 물에 잠겨 아수라장이 되던 그때, 대저택에서 상류층 가족놀이를 하면서 잠깐이나마 헛된 꿈을 꾸며 행복해하다 한순간에 제자리로 돌아왔을 바로 그때다. 집안의 브레인인 막내딸 기정이 아무런 손을 쓸 수 없이 오물이 넘쳐흐르는 변기 위에 앉아 허무하게 담배를 피우던 그 허무의 정서야말로 이 영화가 전하고픈 속내인 것 같다.

후기자본주의 사회에서 공고하게 구축된 계급의 보이지 않는 담장을 넘어 계급 간 상승 이동을 한다는 것은 더 이상 불가능하다. 사다리를 타고 올라 그 영역을 침입해봐야 다시 회귀하여 제자리로 돌아가든지, 아니면 더 낮은 곳을 향해 계단을 내려가야 한다. 아들 기우(최우식 분)가 환한 햇살을 받은 채 계단을 성큼성큼 올라 박 사장네로 들어가는 이미지와 가정부로 인해 계단을 통해 어두컴컴한 벙커로 굴러떨어지는 이미지, 그리고 장맛비가 쏟아지던 날 기나긴 계단을 허겁지겁 뛰어 내려가 자신의 반지하방으로 피신하는 이미지는 극명한 대조를 이룬다. 큰 꿈과 희망을 안고 상류층 저택의 문을 열고 들어가던 환한 기우의 시점쇼트와 아래로 굴러떨어지는 기택 가족의 행동을 롱쇼트로 포착하는 프레이밍은 대조적이다. 이 가족에의 동일화에서 서서히 빠져나온 관객은 인물들과 거리감을 두고 이들의 비극을 감상하게 된다.

어이없는 죽음을 맞이하는 딸 기정의 최후는 어쩌면 서사가 도달해야 할 필연인 듯하다. 그녀는 최후의 순간에 살기 위해 몸부림치기보다는 낯선 농담과 함께 웃음으로 자신의 비극에 순응한다. 봉준호가 보여주는 영화적 비전은 늘 세상은 어지러운 지옥도라는 잔인한 현실이다. 웃기지만 비극적이다. 희망을 당장 내던지고 그냥 낄낄거리며 냉소하라고 당부한다.

봉준호에게 계단은 수평적 이미지에서 수직적 이미지로의 전환을 가져오는 주요 소품으로 기능한다. 사건이 일어났지만 미결로 남거나 불만족스럽게 해결된다. 예술가의 정치지리학적인 미장센은 대중문화 생산자의 장르 게임과 결합하여 코리언 장르 시네마의 진화한 형태를 가꾸어간다. 의도된 모호함은 복합적 함의를 끌어낸다. 봉준호는 계단이 이전부터 늘 그렇듯 자본가와 무산계급자의 욕망의 대립으로 그려지는 방식 위에 풍자와 무의식과 장르적 게임이 겹쳐지는 흥미로운 공간으로 재구성한다. 그의 소위 '삑사리' 기법이 계단에 서야 최고로 실감 나게 표현된다는 점은 유머러스하지만 날카로운 이면을 함의한다.

봉준호는 계단을 활용하여 우리가 사는 시대의
고착화된 계급 문제를 유머 요소로 활용한다.

그리고 점차 서사가 진행되어 갈수록 이 계단은 우리 시대가
벗어날 수 없는 혼탁한 지옥도를 펼쳐 보이는 신랄한 풍경이 된다.

돈

06

즉물적인
너무나
즉물적인,

봉준호
영화의 돈

이현경

돈의 효용가치, 불법적인 용도

봉준호 영화에서 '돈'이라는 키워드는 비평적으로 주목받은 적이 거의 없었던 것 같다. 봉준호 영화가 자본주의 사회에 대한 강한 비판의식을 갖고 있다는 데 이견이 없지만 막상 봉준호 영화가 돈을 어떻게 다루는지는 언급된 바가 거의 없다. 어쩌면 돈이 오가는 에피소드가 너무 일상적이어서 특별히 분석할 필요를 느끼지 못했을 수 있다. 혹은 한 편씩 따로 떼어놓고 생각하면 돈이 중요한 요소로 생각되지 않기 때문일 수 있다. 하지만 봉준호 영화 전체를 일별할 때 돈, 더 정확히 말하면 동전과 지폐는 결정적인 장면에서 실물로 화면에 보이는 일이 많다. 봉준호 영화는 자본주의를 거시적인 이념과 체제로 사유하는 것이 아니라 돈이라는 구체적인 물질로 즉물적으로 포착해 내는 데 탁월하다.

　데뷔작 〈플란다스의 개〉는 과장을 보태자면 돈으로 시작해서 돈으로 끝난다. 가난한 시간강사 윤주는 교수 임용에 번번이 탈락하고 스트레스가 머리 꼭대기까지 차오른 상태다. 선배로부터 교수가 되기 위해서는 떡값(?)으로 1,500만 원을 내는 것이 암묵적인 관행이라는 말을 듣지만 자신의 통장 잔액은 10만 50원뿐이다. 이 부분에서 감독의 장난기어린 숫자놀음이 엿보인다. 0, 1, 5의 조합이라는 점은 같지만 10만 50원과 1,500만 원은 하늘과 땅 차이다. 이 영화는 유독 숫자와 정확한 돈의 단위가 자주 언급된다. 만삭의 몸으로 직장에 다니는 윤주의 아내 은실은 돈을 벌어오는 사람은 자신이라는 점을 항상 강조한다. 입덧 때문에 입맛이 없다는 은실은 검은 비닐 한 가득 호두를 사들고 와서 윤주에게 저녁 밥 대신 먹을 테니 껍질을 까달라고 주문한다. 수십 개의 호두를 거실 바닥에 앉아서 깨고 있는 윤주와 식탁에 앉아 윤주가 까주는 호두를 받아먹는 은실은 불쌍한 콩쥐와 못된 계모처럼 보이기도 한다. 과모임에 나가고 싶은 윤주는 눈치를 보면서 외출 허락을 구하는데 은실은 호두를 다 까면 나가도 된다고 말한다. 어이없는 윤주는 호두가 100개는 되는데 언제 다 까느냐고 투덜거리고 은실은 많아야 50개 정도인데 뭔 엄살이냐고 콧방귀를 뀐다. 100과 50은 이후에 또 다시 둘 사이 입씨름에 오르내린다. 은실이 윤주에게 딸기 우유를 사러 마트에 다녀오라고 하는 장면에서 윤주는 100미터는 되는 거길 다시 갔다 오라는 거냐고 따지자 은실은 50미터도 안 될 텐데 뭔 엄살이냐고 되받아친다. 급기야 윤주는 거리를 재보겠다며 장바구니에 담겨 있던 100미터짜리 두루마리 휴지를 도로에 굴리며 성질을 낸다.

앞날이 막막한 윤주는 아파트 단지에서 들려오는 개 짖는 소리에 신경이 곤두서서 마침내 개를 처리해야겠다고 마음먹는다. 윤주는 두 번 개를 훔치는데 처음에는 아파트 지하 보일러실에서 처치하려다 실패한다. 아파트 주민들에게는 생소한 공간인 아파트 지하 보일러실은 사실 경비원 변씨와 부랑자 최씨가 반 거주하는 곳이다. 경비원 변씨에게 보일러실은 닭백숙이나 보신탕을 끓여먹곤 하는 간이 주방이고, 부랑자 최씨에게 보일러실은 잠자리이자 쉼터였던 것이다. 윤주는 변씨와 최씨의 방해로 개를 처치하지 못하고 보일러실 구석에 방치된 장롱 안에 개를 숨겨 둔다. 나중에 확인하러 갔을 때 개가 장롱 안에 없자 윤주는 변씨가 먹어치웠다고 생각한다.

윤주는 즉흥적으로 저질렀던 첫 번째 개 납치와 달리 두 번째는 용의주도하게 개를 유괴한다. 혼자 사는 할머니가 키우는 개를 훔친 윤주는 아파트 옥상에서 개를 떨어뜨려 죽여버린다. 여기서 윤주와 아파트 관리실에서 경리로 일하는 현남은 하나의 사건으로 얽히게 된다. 우연히 윤주의 범행 장면을 목격한 현남은 거의 윤주를 잡을 뻔했으나 놓친 이후 계속 범인을 추적한다. 윤주의 개와의 악연은 아내 은실이 느닷없이 푸들을 사들고 오면서 본격적으로 시작된다. 윤주는 무려 40만 원을 주고 산 "비싼 개" 순자를 산책시키다 잃어버리자 거의 집에서 쫓겨날 지경이 된다. 목숨을 걸고 순자를 찾으려는 윤주는 현남의 도움으로 가까스로 개를 찾는다.

알고 보니 은실은 윤주의 교수 임용 비용을 마련하기 위해 11년 간다닌 회사를 그만두고 퇴직금으로 1,650만 원을 받은 날 순자를 사왔던 거였다. 순자를 찾아 다시 평화를 되찾은 집에서 은실은 케이크 상자에 만 원짜리 지폐 다발을 차곡차곡 쌓고 그 위에 조심스럽게 케이크를 얹는다. 취직을 부탁할 주임교수에게 줄 떡값이 깔린 케이크 상자다. 케이크 위에 살포시 얹혀 있던 딸기 한 알은 사이즈가 맞지 않아 덜어낸 다음 포장이 마무리된다. 이후 이 상자에서 또 한 가지가 살짝 빠지게 되는데 그건 만 원권 지폐 한 장이다.

돈의 교환가치, 비상식적 가격

〈괴물〉도 돈의 교환가치에 대한 구체적인 묘사로 시작된다. 한강에 나타난 돌연변이 괴물에게 납치된 현서를 구출하기 위한 가족의 사투를 그린 이 영화의 도입부에는 좀 모자란 현서 아빠 강두가 돈과 어떻게 연관되어 있는지 보여준다. 강두는 손님이 시킨 오징어구이에서 슬쩍 다리 하나를 뜯어 먹다가 아버지 희봉에게 타박을 받는다. 천 원짜리 안주에서 다리 하나가 없어지면 제값을 낸 손님은 손해를 본 것이 아니겠느냐는 희봉의 정확한 계산에 강두는 멋쩍어 할 뿐 별다른 죄책감은 없어 보인다.

강두는 컵라면 용기에 매점에서 아버지 몰래 슬쩍 빼돌린 동전들을 모아 두는데 그걸로 현서의 최신형 휴대폰을 사주기 위해서다. 하지만 중학생 현서는 그까짓 동전으로 어떻게 휴대폰을 사냐고 아빠에게 면박을 준다. 이런 일련의 에피소드로 보아 강두는 세상물정, 정확히는 경제관념이 전혀 없는 인물이다.

현서 가족 중 한창 경제활동을 해야 할 남성인 아빠 강두와 삼촌 남일 둘 다 제대로 된 돈벌이를 못 하고 있다. 강두는 아버지 매점에서 잔심부름이나 하면서 반 백수처럼 살고 있고, 남일은 과거 운동권 경력 때문인지 대학을 졸업하고도 백수 신세다. 한국 영화사상 가장 큰 규모의 블록버스터 괴수영화 〈괴물〉은 볼거리와 이야기 거리도 많아서 영화 속 등장하는 '돈'에 대해서는 주목할 여력이 없었다. 지금 와서 보면 〈괴물〉에는 〈플란다스의 개〉 이상으로 구체적인 지폐와 동전이 화면에 등장하고 적재적소에 중요한 소품으로 쓰이고 있다. 바이러스에 감염된 강두를 병원에서 빼내기 위해 희봉은 심부름센터에서 트럭과 한강 하수구 지도 등을 구입한다. 강두 가족에게는 절체절명의 순간이지만 심부름센터 직원은 한 푼도 에누리를 해주지 않고 부족한 금액은 카드로 결제하라고 재촉한다.

〈괴물〉에는 이런 식으로 웃음을 자아내는 돈과 관련된 장면들이 여럿 나온다. 트럭을 타고 검문소를 빠져나갈 때, 방역 담당 공무원은 자꾸 엉뚱한 신호를 보낸다. 강두 가족이 심부름센터에서 구입한 방역업체 트럭을 타고 있었기에 평소처럼 뇌물을 요구하는 신호였던 것이다. 마침내 의미를 눈치 챈 희봉은 강두가 끌어안고 있던 동전이 담긴 비닐을 억지로 빼앗아 공무원에게 넘기고 검문소를 빠져나온다. 이런 장면들이 위기와 웃음이 결합된 돈 에피소드라면, 남일이 운동권 선배를 찾아가서 벌어지는 일은 위기가 분노로 연결된다. 도망 다니던 남일은 통신사에 취직한 운동권 선배에게 현서의 휴대폰 위치 추적을 부탁한다. 처음에는 남일을 도와주는 척하던 선배가 사실은 이미 경찰을 불러놓은 상태로 남일을 사무실로 유인한 것이었다. 수배범을 고발하면 현상금이 얼마인지 묻는 선배의 모습은 돈을 위해 지인을 팔아먹는 타락한 인간의 상징이다. 이 영화에는 전체적인 전개에는 크게 필요해 보이지 않는 장면이 있다. 방역차에 타고 있던 직원이 도로변에 떨어진 지폐를 보고 차에서 내려 그것을 줍자마자 마주 오는 트럭에 치여버리는 장면이다. 스토리와 별 연계가 없는 이 장면은 아마도 남의 돈을 탐하는 인간에 대한 감독이 생각하는 응징을 장면화한 것일지도 모르겠다.

돈의 등가물, 금과 마약

과거 금 본위 화폐 시절에는 돈은 그 가치만큼의 금이 있어야 발행되었지만 이제는 금과 화폐의 연결이 끊어졌다는 사실은 상식이다. 〈옥자〉에서 금돼지는 생김새만으로도 흥미롭지만 화폐가 본래 금과 연동되었다는 점을 상기시켜준다는 면에서도 문제적이다. 글로벌 기업 미란도의 슈퍼 돼지 키우기 10년 프로젝트에 참가한 미자와 할아버지에게 슈퍼 돼지 옥자는 식용가축도 아니고 미란도의 상품도 아니고 가족이다.

미자는 옥자와 영원히 살 수 있다고 믿고 있지만, 할아버지는 미란

다 측과 약속한 계약 마감일이 다가오자 미자 몰래 옥자를 넘겨주고 돈을 받았다. 속았다는 걸 알게 된 미자가 불 같이 화를 내자 할아버지는 손바닥 크기의 금돼지를 내민다. 언제까지나 강원도 두메산골에서 선머슴처럼 살 수 없으니 도시에 나가 공부도 하고 친구도 사귀며 살아야 한다는 할아버지의 말은 현실적으로 타당하게 들린다.

하지만 미자는 옥자를 찾아오겠다며 빨간 플라스틱 돼지저금통을 깨서 동전을 챙긴다. 말리는 할아버지와 미자가 실랑이를 벌이다 동전이 바닥에 쏟아지고 할아버지는 그 위로 쓰러진다. 돈은 할아버지에게는 현실적인 삶에 꼭 필요한 것이지만 미자에게 돈은 옥자를 되찾아 오기 위한 수단 이상의 의미가 없다. 우여곡절 끝에 미국까지 가서 도살되기 직전의 옥자를 발견한 미자가 옥자를 구출할 수 있었던 것은 할아버지가 마련한 금돼지 덕이다. 미란도 총수 루시 미란도는 미자가 옥자 값으로 금돼지를 내밀자 이로 깨물어서 진짜 금이라는 걸 확인하고 옥자를 내준다. 옥자와 금돼지는 등가물이다. 만약 이 장면에서 미자가 금돼지가 아닌 지폐를 내밀었다면 어땠을까? 어쩌면 계약이 성사되지 않았을 수도 있을 것 같다. 그 자체로는 종이쪽지에 불과한 지폐와 달리 금은 가치가 내재된 물질이기에 그런 상상을 해본다.

전 세계가 꽁꽁 얼어붙은 지구에서 유일한 생존자들이 탑승해 있는 열차가 배경인 〈설국열차〉에서 돈은 가치도 없고 필요도 없다. 머리 칸부터 꼬리 칸까지 객실마다 공간의 용도가 정해져 있고 모든 탑승객은 자신이 있어야 할 지정 칸이 있는 열차는 시장경제의 원리가 적용되지 않는다. 꼬리 칸 인간들은 바퀴벌레를 갈아 만든 단백질 블록을 배급 받고 위쪽 칸 인간들은 생선회, 고기, 과일을 예전과 똑같이 맛보며 살고 있다. 한 순간도 쉬지 않고 레일 위를 달리는 열차에서 가장 중요한 원칙은 개체의 수를 조정하는 것이다. 한정된 공간과 자원을 효과적으로 쓰려면 정확한 통제 아래 생산과 소비가 이루어져야 한다. 그러므로 돈이 있다고 한들 자유롭게 무엇을 팔 수도 살 수도 없다.

〈설국열차〉는 꼬리 칸 사람들이 반란을 일으켜 머리 칸까지 밀고 올라가는 내용이 중심 줄거리다. 반란의 주동자들은 열차의 문을 열 수 있는 남궁민수를 감옥인 냉동저장고에서 꺼내준다. 남궁민수와 그의 딸 요나는 마약인 크로놀 중독자이다. 벽 너머를 볼 수 있는 특별한 능력이 있는 요나와 문 따기 전문가 남궁민수는 크로놀을 주면 동참하겠다고 거래를 한다. 돈은 행위의 동기를 유발시키거나 행위에 대한 보상으로 주어진다. 그런 의미에서 요나와 남궁민수에게 크로놀은 돈과 같다. 하지만 둘에게 크로놀은 교환가치를 갖지 않는 중독의 해소용일 뿐이다. 꼬리 칸 인간들의 멘토였던 길리엄과 머리 칸의 지도자 윌포드가 사실은 열차를 유지시키는 거대한 시스템을 기획한 공모자였고, 바뀔 수 있는 것은 아무 것도 없다는 절망적인 상황의 확인으로 영화는 마무리되는 듯 했다. 그런데 마치 본편에 이어진 부록처럼 열차가 폭파되고 요나와 지미가 기차 밖으로 걸음을 내딛으며 영화가 끝난다.

돈의 윤리학

위에서 〈플란다스의 개〉에서 케이크 상자에서 빠져나간 또 한 가지가 있다고 말했다. 눈물겹게 마련한 1,500만 원 담긴 케이크 상자를 안고 윤주는 교수를 만나러 가기 위해 전철을 탄다. 포대기로 갓난아이를 업은 젊은 아줌마가 전철 안에서 구걸을 하다 윤주 앞에 선다. 망설이던 윤주는 케이크 상자에서 만 원짜리 지폐 한 장을 꺼내 아줌마에게 건넨다. 교수 자리를 얻기 위해 돈을 상납하는 윤주가 할 수 있는 작은 속죄의 제스처로 보인다. 영화 말미 교수가 되어 말끔

한 양복 차림으로 강의를 하는 윤주의 얼굴에는 더 이상 전철에서 곤혹스러워 하던 표정이 어려 있지 않다.

돈 이야기가 정말 많이 등장했던 〈괴물〉에는 봉준호 영화가 지향하는 돈의 윤리학이 정확하게 표현된 한 장면이 있다. 한강변을 떠돌며 살아가는 고아 형제 세진과 세주는 물건을 훔치기 위해 한강 야외공원 매점을 턴다. 컵라면, 과자 등 먹을 것을 잔뜩 훔쳐 가방에 넣던중 동생 세주가 돈을 손에 쥐자 세진은 그건 가져가서 안 된다고 말한다. 세진은 자신들이 하는 행동은 '서리'이지 '도둑질'이 아니라고 주장한다. 배고픈 자신들이 필요 이상으로 생산된 물품을 일부 점유할 수는 있지만 돈을 훔치지는 않는다는 신념이다. 어차피 돈은 물건

으로 교환되는 가치 때문에 존재하는데 물건은 훔치되 돈은 가져가지 않는다는 논리가 곰곰이 따져보면 이상하기도 하다. 〈플란다스의 개〉에서 현남이 동네 할머니가 남긴 유품인 무말랭이를 받는 장면이 있다. 영화를 보는 관객이나 현남은 유품이 돈이나 통장일 거라고 추측하게 되지만 그 정체가 무말랭이라는 게 알려지면서 실소를 하게 된다. 무말랭이는 돈의 가치를 전복시키는 상징물로 봉준호 감독이 돈을 바라보는 근원적인 태도를 엿볼 수 있다.

비

07

비밀
은폐와
폭로의
장치,
비

이현경

감정의 등가물, 비

〈살인의 추억〉과 〈마더〉는 봉준호 영화 중 비가 매우 중요한 역할을 하는 작품들이다. 〈살인의 추억〉에서 비는 살인이 일어나는 날을 구체적으로 지시하는 요소이고, 〈마더〉에서 비는 이야기 전개의 방향을 확 꺾는 지점에서 강렬한 분위기를 조성하는 효과를 만들어 낸다. 화성 연쇄살인사건을 소재로 한 〈살인의 추억〉에서 범인은 비 오는 밤에 빨간 옷을 입은 여성을 골라 살해한다. 두 건의 유사한 살인사건이 벌어지자 태령읍 경찰서는 연쇄살인범 검거에 총력을 기울이고 그 과정에서 무고한 용의자를 범인으로 모는 무리한 수사까지 벌인다. 수사의 단초를 찾은 건 서울에서 자원해 내려 온 서태윤 형사였다. 그는 범행이 일어난 날 날씨와 피해 여성의 공통점을 발견하고 실종으로 처리된 또 다른 피해 여성이 있다는 것도 추론해 냈다. 여 형사가 살인이 일어나던 날 매번 FM 라디오 음악프로그램에서 유제하의 〈우울한 편지〉가 신청곡으로 방송되었다는 것까지 알아내자 사건은 거의 풀려가는 듯했다. 비 오는 날, 빨간 옷, 〈우울한 편지〉까지 살인이 일어나는 세 가지 조건이 다 드러났고, 방송국에 사연을 보낸 용의자의 주소까지 확보했음에도 범인을 검거하지 못한 까닭은 1986년 당시에는 한국 국과수에서 유전자 감식을 할 능력이 없었기 때문이다. 할 수 없이 미국에 유전자 감식을 의뢰해놓고 결과가 나오기만을 기다리고 있던 시간, 평소와는 다른 패턴의 살인 사건이 발생한다. 서태윤은 박현규의 범행을 확신하고 그를 잡으러 간다. 쏟아지는 빗속에서 서태윤과 박현규는 몸싸움을 벌이고 박두만이 미국에서 온 서류를 들고 온다. 그토록 기다리던 서류에는 박현규와 피해자의 옷에서 나온 정액의 유전자가 일치하지 않는다는 절망적인 결과가 적혀있다. 분노한 서태윤은 서류를 던져버리고 때마침 지나가는 기차에 찢긴 서류는 종잇조각이 되어 흩어진다.

유력한 용의자 박현규는 터널 안쪽으로 유유히 사라지고, 박두만과 서태윤은 망연자실 비를 맞고 서서 터널 속 어둠을 응시한다. 이

날의 비는 박두만과 서태윤이 느끼는 무기력함을 고조시킨다. 안타까움, 분노, 허망함이 빗줄기에 섞여 한없이 아래로 흘러내린다. 즉, 비는 박두만과 서태윤의 감정의 등가물로 읽힌다. 공권력의 부재와 무능에 대한 비탄이 블랙코미디로 표현된 〈살인의 추억〉의 결말은 참 씁쓸하다. 유일한 목격자인 백광호는 기차 충돌 사고로 허망하고 처참하게 죽고, 조 형사는 파상풍 때문에 다리를 절단한다. 너무나 명확해 보이는 정황증거가 있지만 결정적인 증거가 없어서 범인을 놓치고 아무 것도 해결되지 않은 채 상황은 종료된다.

국면 전환의 시그널, 비

봉준호 영화에서 비는 결정적인 국면에 등장하는 플롯 장치라고 할 수 있다. 〈플란다스의 개〉에서 비는 윤주가 처음으로 개를 훔쳐서 유기한 다음에 내리기 시작한다. 노란 우비를 입은 소녀가 잃어버린 강아지 뻰돌이를 찾아달라는 전단지를 들고 현남이 일하는 관리사무소를 찾아 올 때는 비가 퍼붓고 있었다. 이날부터 개를 유기하는 윤주와 개를 찾으려는 현남의 숨바꼭질이 시작되고 그 와중에 윤주는 아내의 퇴직금으로 마련한 청탁금을 학장에게 바치고 마침내 시간강사 신분에서 벗어나 교수로 임용이 된다. 여기서 비는 윤주의 내면세계의 균열을 물질적으로 보여주는 장치로 느껴진다. 자신의 처지에 대한 분노, 세상에 대한 막연한 적개심, 세속적인 출세 욕구 등 윤주의 내면을 가득 채우고 있는 광기가 마치 비가 되어 퍼붓는 것 같다. 그런 의미에서 처음으로 남의 개를 죽이려는 윤주의 범행 뒤에 비가 쏟아지는 것은 적절해 보인다.

〈마더〉에는 영화의 절반 지점에 폭우가 쏟아진다. 이날을 경계로 서사는 전반과 후반으로 크게 나눠지게 된다. 정신지체가 있는 아들 도준이 여고생 살인 용의자로 체포되자 혜자는 아들을 석방시키기 위해 경찰서며 변호사 사무실이며 여기저기 쫓아다니느라 바쁘다. 그러다가 도준의 친구 진태를 의심하게 된 혜자는 몰래 진태의 컨테이너 숙소에 들어가 집안을 뒤지기 시작한다. 혜자가 핏자국이 묻은 골프채를 발견하고 집을 나서려고 할 때, 진태와 진태 여자친구가 들어오는 소리가 들리고 혜자는 장롱 안에 숨는다. 진태 커플의 정사가 끝날 때까지 숨죽이며 장롱 안에 있던 혜자는 두 사람이 잠이 들자 살금살금 컨테이너를 빠져나온다. 핏자국이 손상될까 봐 씌운 비닐장갑을 두른 골프채 헤드를 높게 치켜들고 혜자는 시골길을 힘차게 달려간다. 하지만 이어지는 경찰서 장면에서 골프채 헤드에 묻은 붉은색 자국은 누가 봐도 립스틱이라는 여자 경찰의 한 마디로 혜자의 행동은 모두 희화화되고 만다.

실망한 채 혜자가 경찰서를 나설 때 소나기가 쏟아지고 있다. 제문이 우산을 챙겨와 혜자에게 건네주지만 혜자는 제문의 손을 뿌리치고 허탈한 표정으로 빗속으로 걸어간다. 비에 흠뻑 젖어 걷던 혜자는 고물상 할아버지의 리어카 뒤쪽에 삐죽 나온 헌 우산을 빼들고 할아버지에게 천 원짜리 두 장을 내민다. 뒷부분에서 여고생 살인사건의 결정적 목격자로 밝혀지는 고물상 할아버지와의 우연한 만남이 이루어진 것이다. 우산을 쓰고 걸어가는 혜자 옆에 변호사 사무실 사무장이 모는 승용차가 멈추고 혜자를 차에 태운다. 룸싸롱에서 혜자를 기다리던 변호사는 반색을 하며 자신의 친구인 정신병원 원장과 검사를 소개시킨다. 변호사는 도준이 범행을 인정하고 정신병원에 4년 수감되는 것으로 재판 거래를 하고 있던 것이다. 변호사의 제안에 분노한 혜자는 혼자 위스키를 퍼마시고 집으로 돌아온다. 아무도 없는 컴컴한 집에서 혜자를 기다리던 진태는 오늘 자신의 집을 뒤지고 범인으로 몰았던 일에 대한 위자료를 요구하고 혜자는 쩔쩔 맨다. 여전히 비가 쏟아지는 밤, 진태는 아주 중요한 이야기를 시작한다. 불도 켜지 않은 어두운 거실에서 마당에 쏟아지는 비를 바라보며 진태는 범인이 왜 아정의 시체를 마을사람들이 다 볼 수 있는 곳에 올려놓았는지 의문을 제기한다. 그리고 혜자에게 아무도 믿지 말고 이제부터는 혜자 스스로 해결해야 한다고 말한다.

밤늦게까지 비가 내린 이날은 이야기가 새로운 국면으로 전개되는 분기점이 된다. 혜자는 주변 사람들에게 도움을 요청하던 이전까지의 태도를 버리고 스스로 탐정이 되기로 결심한다. 검은 비옷을 입고 아정의 시체가 널려 있던 옥상에 올라가 마을을 내려다보면서 자신의 힘으로 사건을 해결해야겠다고 다짐한다. 변호사를 해임하고 혜자는 직접 탐문 수사를 시작한다. 혜자는 진태와 사진관 여자를 동원해 진두지휘하며 문제를 풀어나간다. 동네 고등학생들, 길거리에서 만난 아이들, 아정의 할머니 등을 찾아다니며 혜자는 아정이가 어떻게 살아왔는지 알게 된다. "쌀떡 소녀"라는 아정의 별명은 그녀의 수치스러운 삶을 말해준다. 알콜 중독에 치매 증상이 있는 할머니와 단 둘이 살아가는 아정은 고등학생이지만 가장 노릇을 해야 했고, 돈이든 쌀이든 되는 대로 받으며 성매매를 하며 살아왔다. 혜자의 수사로 아정이 죽은 날의 진실이 밝혀지지만 혜자는 도준이 아정을 죽였다는 사실을 받아들일 수가 없다. 결국, 혜자는 아들의 범행을 은폐하기 위해 사건의 목격자인 고물상 할아버지를 살해한다. 비가 내린 날을 기점으로 애처로운 용의자의 엄마가 탐정으로 살인자로 변하게 되는 것이다.

광기의 기폭제, 비

〈기생충〉에서 가장 긴장감 넘치는 사건은 기택 가족이 캠핑을 떠난 박 사장네 거실을 차지하고 술파티를 벌이는 날 발생한다. 근사하고 널찍한 거실에 모인 기택 가족은 값비싼 술을 종류별로 꺼내고 고급 안주를 곁들여 술판을 벌이고 있다. 모두 거하게 취해 흥겨운 가운데 우식은 자신이 이 집 사위가 될지도 모른다고 떠벌리고 기택 부부는 그럼 이 집 재산이 네 거 되는 거냐며 김칫국을 마신다. 이들 가족이 잔뜩 들떠서 한껏 취한 상태로 널브러져 있을 때 초인종이 울린다. 천둥, 번개를 동반한 폭우가 쏟아지는 밤 집안에 울려 퍼지는 초인종 소리에 기택 가족은 잔뜩 긴장한 채 인터폰을 바라본다. 폭우 속에 검은 우비를 뒤집어 쓴 낯선 인물이 누구인지 화면으로는 쉽게 가늠하기 어려운 상태다. 섬뜩한 모습의 방문객은 자신들이 쫓아낸 문광이라는 게 밝혀지고, 문광은 두고 온 물건을 찾으러 왔다고 사정해서 겨우 집안으로 들어온다. 뜻밖에 나타난 문광으로 집안에서는 한바탕 소동이 벌어진다. 어찌 보면 이 영화의 가장 기괴하고 해석하기 난감한 장면이 펼쳐진다. 집 주인은 물론 기택 가족도 까맣게 모르고 있던 비밀이 드러나게 되는데, 그건 바로 숨겨진 공간인 지하실과 거기에 거주하고 있는 문광의 남편 근세의 존재다. 부도가 나서 사채업자에게 쫓기던 근세는 4년 전 문광이 일하고 있는 이 집 지하실로 숨어들었고 쥐도 새도 모르는 실종 상태로 살아왔던 것이다. 문광은 몰래 근세에게 음식을 공급하고 근세는 가족들이 모두 잠든 깊은 밤중에만 잠깐씩 지하실 밖으로 나오곤 했다. 그런 근세를 우연히 목격한 막내 다송은 쇼크를 받아 시름시름 앓았고 이후로도 신경쇠약 증세를 보여 왔다. 기택 가족의 계략으로 문광이 갑자기 집에서 쫓겨나게 되자 근세는 한동안 음식 공급을 받지 못 한 상태로 지하실에 갇혀 있었던 것이다. 집안으로 들어온 문광은 근세가 숨어 있는 지하실로 직행해서 탈진한 근세에게 젖병을 물려준다.

어차피 아무도 모르던 공간에서 쥐 죽은 듯 살아가는 근세를 모른 체 해줄 수도 있을 법한데 기택 가족은 문광 부부를 용납하지 않는다. 문광이 충숙에게 빌며 근세의 식비는 물론 눈 감아 주는 대가로 돈도 지불하겠다고 애원하지만 기택 가족은 제안을 거절한다. 단지 거절하는 정도가 아니라 문광 부부를 내쫓으려 하고 결국 두 가족 사이에는 혈투가 벌어지고 만다. 처음에는 밀리는 것 같던 문광 부부가 동영상을 빌미로 기택 가족을 제압하고 주인 없는 집 거실은 이제 문광 부부 차지가 된다. 거실 한 구석에 꿇어 앉아 손을 들고 있는 기택 가족을 비웃으며 문광과 근세는 소파를 차지하고 마사지를 해주고 북한 소재 개그를 하며 모처럼의 자유를 즐기고 있다. 그러나 이도 잠깐 다시 두 가족은 사투를 벌이고 문광과 근세는 지하실에 감금된다. 이날 한바탕 소동극의 전조로 시작된 폭우는 문광 부부와 기택 가족의 치열한 몸싸움에 이어 박 사장 가족과 펼치는 2라운드의 원인이 된다.

비 때문에 캠핑을 포기한 박 사장 가족은 집으로 차를 돌리고 도착 10분 전 연교는 충숙에게 전화를 건다. 도착 시간에 맞춰 짜파구리를 끓여달라는 연교의 주문이 떨어지자마자 기택 가족은 초스피드로 거실을 정리하지만 이들이 미처 집 밖으로 빠져나가지 못하고 거실 탁자 아래로 숨는다. 앞마당에 놓인 인디언 텐트에서 자겠다는 다송을 지켜보기 위해 소파에서 잠을 청하는 박 사장 부부 때문에 꼼짝없이 탁자 아래서 숨죽이고 있던 기택 가족은 박 사장 부부가 잠이 든 다음

에야 겨우 집을 빠져 나온다. 기택과 기우, 기정은 비를 맞으며 한없이 아래로 아래로 이어진 계단을 내려가 자신들이 사는 반지하 방으로 돌아온다. 기택 가족의 집이 있는 지역은 저지대라서 폭우로 인해 온 동네가 침수된 상태다. 허리 위까지 물이 차오른 집 안을 휘젓고 다니던 기우는 물 위로 떠오른 산수경석을 품 안에 안는다. 무거운 수석이 물 위로 떠오른다는 것은 사실적이지는 않지만, 산수경석이 갖고 있는 상징적인 의미를 강조하기 위한 미장센이라고 생각된다. 결국, 산수경석은 기우와 근세가 서로를 공격하는 살인 도구가 된다.

폭우가 내린 이날, 정말 많은 일들이 벌어졌다. 모던하고 세련된 저택의 비밀과 박 사장 부부의 은밀한 성적 취향이 드러나고, 산수경석을 품에 안은 기우는 살인을 계획한다.

은폐와 폭로의 은유물

봉준호 영화에서 비는 플롯 전개의 중요한 순간에 쏟아진다는 걸 알 수 있다. 〈살인의 추억〉에서 비는 살인이 은폐될 수 있게 만든 시대 상황의 은유로, 범인의 흔적을 지워버리는 비는 공권력이 부재하고 과학수사가 미력했던 시대상을 함축한다. 〈마더〉에서 비는 엄마의 울분과 서러움의 가시적 은유로 보인다. 아무도 믿지 않고 스스로 아들을 구명하겠다고 결심하는 엄마가 느끼는 배신감과 비장함은 우산 없이 걸어가는 그녀 위로 흐는 빗물이 대신 이야기해준다. 〈기생충〉의 폭우는 그동안 축적된 모든 갈등이 대폭발되는 스토리의 인과를 제공하고 서사에 내재된 강렬한 에너지의 시각적 은유이기도 하다. 축축한 한강 하수로가 주된 배경인 〈괴물〉은 비가 오는 날이 아니어도 습기 가득한 화면이 시종일관 펼쳐진다. 〈설국열차〉는 온 세상이 눈에 덮인 빙하기가 배경이므로 비가 오지는 않지만 눈은 비와 등가물이기 때문에 어찌 보면 비의 또 다른 이미지로 가득 찬 영화이기도 하다.

봉준호 영화에서

비는 결정적인 국면에 등장하는 플롯 장치라고 할 수 있다.

자연

08

이
용
철

자연,

여자의

이름

여자, 자연, 남자, 부자연

　봉준호의 데뷔작 〈플란다스의 개〉를 거칠게 요약하면 '끝내 자연에 들어가지 못한 남자와 마침내 자연과 교감하는 여자의 이야기'다. 주인공 윤주는 콘크리트에 갇힌 존재다. 그의 얼굴이 처음 스크린 쪽으로 향했을 때, 그의 얼굴 뒤를 장식하는 배경은 서민 아파트 단지다. 아파트에 거주하는 그는 영화 내내, 콘크리트 아파트의 골조를 선명하게 드러내는 지하실 창고와 답답한 실내를 오간다. 도입부의 장면은 영화의 말미에서 변형된 형태로 반복된다. 윤주는 다시 숲을 마주하고 있다. 이번에는 강의실 안이다. 공간이 바뀌었을 뿐, 그는 여전히 콘크리트 건물 안에 서 있다. 자연은 유리 너머에 존재한다. 그는 강의 자료를 이미지로 보여주기 위해 커튼을 치라고 부탁한다. 강의실은 점점 어두워지고 그는 창 너머 자연과 이중 유리창과 커튼으로 차단된다. 자연이 윤주를 소외한다기보다 윤주가 자연과 자신 사이에 막을 친다. 아내의 벌이에 의존해 백수로 사는 윤주가 하는 짓은 비겁하고 추잡하다. 그에 의해 두 개의 생명이 없어진다. 추잡한 행위가 사회생활에서도 다를 리 없다. 〈플란다스의 개〉에서 윤주와 남자들은 더러운 리그의 멤버들인데, 흥미롭게도 영화는 그들에게 벌을 내리지 않는다. 그들은 하나같이 잘 먹고 잘사는 데 지장을 받지 않는다. 그들은 자연에 반(反)하는, 즉 죽음의 존재다. 영화는 윤주의 리그가 부추긴 죽음의 냄새로 진동한다. 윤주와 선배가 화장실에서 나누는 대화, 학장이 폭탄주를 만든 뒤 벽에 던진 티슈의 행렬, 철로 위로 고개를 내밀고 구토하는 남자와 그에게 다가오는 지하철, 윤주 때문에 죽어나는 강아지들이 요리로 변할 냄비, 그리고 아파트 지하실 벽 속에 묻혔다는 보일러 김씨의 괴담까지.

호의호식하며 죽음의 냄새를 풍기는 남자들과, 극중 여성들은 생명의 존재로서 선명하게 대비된다. 윤주의 아내 은실은 10년 넘게 직장에 다닌다. 백수인 남편을 먹여 살리는 그녀는 임신 중이다. 아파트 할머니는 먹을거리를 마련한다. 자신의 시든 몸처럼 무말랭이를 볕에 말리려던 그녀의 계획은 실패하지만, 그녀는 죽으면서 현남에게 그것을 선물로 남긴다. 아파트 관리사무소의 잡일을 도맡은 현남은 어느 날 TV를 보다 새마을금고의 영웅이 된 여직원에게 감탄한다. 몸을 던져 강도와 싸운 그녀처럼 자기도 근사한 일을 할 수 있을까, 고민하던 차에 생명의 수호자로서 적극적으로 생명을 지키는 인물로 화한다. 생명과 자연과 순리, 그것에 맞춰 삶을 영위하는 세 여성에게, 죽음의 존재인 윤주에게 내린 어두운 그림자 같은 건 없다. 불행하게도 그녀들은 남자들로 인해 고통을 겪는다. 은실은 임신했다는 이유로 회사에서 권고 퇴직을 당한다. 그녀의 퇴직금은 윤주가 학장에게 바치는 뇌물로 사용된다. 무말랭이 할머니는 두 번째로 실종된 강아지의 주인이었다. 가족과 떨어져 외롭게 살던 그녀는 강아지의 죽음 이후 병환이 깊어져 세상을 떠난다. 강아지를 돌보는 게 낙인 그녀가 강아지가 죽자 나란히 세상을 떠나는 건 이상한 일이 아니다. 사라지고 죽어가는 강아지를 구하려고 발 벗고 나선 현남도 더러운 지경에 처한다. 그녀는 세 번째 실종 강아지를 구하는 데 성공하지만 돌아오는 건 해고 통지다. 윤주가 강의실의 어둠 속으로 묻히는 시간, 현남과 친구 장미는 전혀 다른 곳에 섰다. 숲을 오르는 현남과 친구 장미의 표정은 평화롭다. 장미가 현남의 가방에서 부러진 백미러를 꺼내 머리를 매만진다. 윤주가 자연을 거스를 때, 현남은 윤주 같은 것들에 맞섰다. '부러진 백미러'는 맞서려는 의지를 상징하는 어떤 것이다. 현남이 거울을 받아 얼굴을 살짝 본 뒤 몸을 틀어 빛을 비춘다. 나무 사이로 스며든 햇빛이다.

폭력에 신음하는 여성들

　죽음의 공간을 헤매는 남자들의 이야기인 〈살인의 추억〉, 이 영화에서 진짜 주제를 전하는 것은 죽으면서 비명을 지르는 여자들이다. 〈살인의 추억〉의 배경이 되는 시간은 한국 현대사의 가장 어두운 순간이다. 화성 연쇄살인사건은 민중의 학살로 시작된 1980년의 그림자가 그대로 밴 흔적이었다. 죄 없는 자가 고통을 받는 것을 넘어 줄줄이 죽임을 당한다. 여성의 비극을 극대화하는 것은 그들이 희생당하는 공간이 자연이라는 사실이다.

　자연은 순수하고 맑은 존재와 상응하는 공간이다. 폭력의 비극이 스며들지 않았다면 평온하고 빛났을 공간이 음습하고 피비린내 나는 곳으로 변질된다. 1980년대의 군화 발자국이 자연스럽게 흘러가야 했을 역사적 흐름을 뒤집은 결과, 그들의 폭력성은 전원의 마을을 지옥의 한 켠으로 바꿔놓는다. 우연히 일어난 개별 살인사건이 아니라, 시간의 순리를 거스른 학살의 역사가 반도의 다른 땅까지 전염시킨 예였다. 화성의 살인이 벌어질 때마다 자연은 두 번 오염됐다. 생명을 앗아가는 것으로 한 번, 그리고 죽음의 상처 위로 훼손을 가해 두 번. 학살이 그랬듯이, 살인자는 살인에 그치지 않고 여성의 신체에 훼손을 가했다. 여성의 몸에 상처를 내는 것을 넘어 표현하지 못할 더러운 행위를 더했다. 진실이 밝혀지지 않은 더러운 역사는 다른 곳에서 자기 기억을 그렇게 복제한 셈이다.

어둡고 습한 지하 취조실과 그곳에서 일어나는 일들은 1980년대의 군사문화를 떠올리게 한다. 학력 콤플렉스가 있는 조 형사는 우선 때리고 보는 스타일이다. 군화를 신은 발로 차고 때리는 게 특기인데, 군화의 흔적이 남을까 싶어 천으로 만든 신발 싸개를 착용하는 걸 잊지 않는다.

그에 비해 박 형사는 인간적으로 보이지만, 순진한 인물들에게 죄를 뒤집어씌우는 그가 더 나쁘다. 그는 거짓으로 자백을 꾸미고 자기의 유치한 본능에 따라 수사를 펼치곤 한다. 겉보기엔 점잖아 보여도 본성이 드러나면 가장 무서운 건 경찰서장이다. 발이 먼저 나가는 조 형사에게 몇 번 경고했는데도 말이 통하지 않자 그는 숨겨둔 야만성을 꺼낸다. 그에게 차여 계단 아래로 굴러떨어진 조 형사는 비참한 몰골로 쓰러져 일어나지 못한다.

가장 극적인 일은 서 형사에게 일어난다. 서울에서 자원해 내려온 그는 초기엔 지적이고 바른 태도로 수사에 임한다. 허위 물증을 만들고 폭력을 행사하는 동료들을 비웃던 그는 어느새 "목격자고 나발이고 씨발 다 필요 없어. 자백만 받아내면 돼. 박현규, 그 새끼를 죽도록 두들겨 패는 거야"라고 말하는 인간으로 변한다. 그 말에 박 형사는 "너 많이 변했다"라고 응수한다. 그 순간, 두 사람은 처음으로 마음이 통하는 듯 서로를 바라본다. 서로가 서로에게 거울이라도 되는 양 마주 보는 모습을 카메라는 한 쇼트로 잡는다. 서 형사는 그가 경멸했던 존재로 변한 거다.

서 형사는 왜 변화한 것인가. 동료 형사들과 지내다 보니 그들과 비슷한 행동거지를 취하게 됐다고 볼 수도 있지만, 이 경우엔 그가 범죄 자체에 지나치게 얽매인 게 원인이다. 범죄의 해결에 대한 집착이 그를 인간으로부터 야만 쪽으로 옮겨놓는다. 범인을 잡는 형사들의 스릴러로서 〈살인의 추억〉을 읽을 때와, 1980년대의 폭력적 상황에 희생된 여성들의 비극으로 〈살인의 추억〉을 읽을 때 전혀 다른 주제에 도달하게 된다. 세 형사의 수사는 실패한다. 동굴 속으로 박현규가 도망치는 클라이맥스에서 그들의 비장감은 정점에 오른다. 그런데 2003년의 시점으로 이동해, 현장을 다시 찾은 박 형사는 알 수 없는 표정을 짓는다. 그가 끝까지 알지 못한 것은 범인의 실체가 아니라 시대의 요구였다. 〈살인의 추억〉은 폭력적인 유산으로부터 자유롭지 못했던 세 형사의 모습을 통해 그 시대의 진실을 전하는 작품이다.

그들이 정말로 해야 했던 것은, 몸을 통해 시대의 공포를 알렸던 희생자들에게 애도를 바치는 일이었다. 적어도 그들을 위해 분노라도 표했어야 하는 것을, 세 남자는 결국 하지 못했다. 〈살인의 추억〉은 봉준호의 영화 중에 '폭력의 억지스러움에 맞서는' 자가 부재하는 유일한 영화다. 그것을 우선했어야 하는 형사들은 다른 쪽을 신경 쓰고 있었고, 희생당한 여자들과 잡혀 와 두드려 맞은 피의자들은 힘이 없었다. 그것이 〈살인의 추억〉의 비극이다.

소녀, 저항하다. 하지만…

〈괴물〉(2006), 〈설국열차〉(2013), 〈옥자〉(2017)는 자연에 오염을 가하는 주체를 공히 명확하게 밝히는 영화들이다. 세 영화는 본격적으로 전개되기 전에 악당의 면모를 과감하게 드러낸다. 자연의 풍경을 문득 제시하며 시작하는 다른 봉준호 영화와 달리, 세 편의 영화는 인조의 공간으로 곧바로 진입한다. 세 영화 중 〈옥자〉는 〈괴물〉을 뒤집어놓은 이야기이면서, 오염의 가해자를 직접 언급한 세 편 가운데 가장 성숙한 영화다.

이야기의 중심에는 유전자 조작으로 탄생한 슈퍼 돼지 옥자, 어릴 때부터 옥자와 자연 속에서 함께 성장한 미자, 사업가 루시 미란도가 있다. 기업의 가치로 환경과 생명을 내세우는 루시가 과연 친환경적이고 친생명적인지는 따로 물어볼 필요도 없다. 자연을 지배한다고 믿는 인간이 만든 가장 견고한 룰은 '돈으로 운영되는 대기업의 법칙'이다.

그것이야말로 비인간적이자 반자연적인 사고의 정점임을 두 세기의 역사가 증명해왔다. 루시는 대기업의 법칙을 신봉하고 유지하려는 자이며, 미자와 옥자는 그것에 저항하는 자다. 권력 집단에 대한 알레르기가 심한 봉준호가 가장 피곤하게 바라보는 존재가 대기업일 터, 〈옥자〉는 그들의 더러운 심장을 정확하게 겨냥한다.

〈옥자〉는 인간이 만든 팔자를 뒤집어 자연을 회복하려는 소녀의 이야기다. 미자는 미란도코리아에 도착해 소통을 막는 견고한 유리문에 몸을 던져 산산조각을 내고, 인조로 세운 어색한 나무를 넘어뜨린다. 그녀의 유일한, 그리고 가장 강한 무기는 주어진 몸이다. 터널에서 미자는 옥자와 재회한다. 반가워서 몸의 언어를 나누는 두 존재를 보면서 옥자와 미자가 '플란다스의 개' 파트라슈와 네로가 아닐까 생각했다. 〈플란다스의 개〉에 없던 플란다스의 개를 봉준호는 왜 여기서 만들어낸 걸까.

실제로 두 영화에서 어떤 연결점을 찾는 건 어려운 일이 아니다. 초보 영어회화 책을 공부하며 꿀리지 않고 자기 노선을 걷는 미자에게서 현남의 얼굴을 읽는 게 한 예다. 미자와 옥자가 처한 난관의 문턱에서 봉준호는 존 덴버의 〈애니 송〉을 삽입했다.

덴버는 자연의 가수로 불린다. 자연 속에 묻혀 자연과 함께 살기를 염원했던 그는 콜로라도의 깊은 계곡을 노래에 실어 들려준 사람이다. 특히 〈애니 송〉은 인간의 감성과 자연에 대한 찬미로 가득한 노래다. 얼마 지나지 않아 미국으로 모험을 떠날 미자와 옥자에게 이보다 더한 응원의 목소리는 없다.

실험실에서 끔찍한 고초를 겪은 옥자는 마침내 조지 오웰적인 공간으로 옮겨진다. 유전자 조작으로 만들어진 슈퍼 돼지들이 넓으나 폐쇄된 공간 전체를 가득 채운 풍경은 압도적인 공포감을 준다. 도축되기 전부터 돼지들 위로 죽음의 그림자가 가득한 풍경. 도축장 내부는 더욱 끔찍하다. 도축된 돼지들의 피가 바닥에 철철 넘치고, 거대한 살덩이가 갈고리에 걸린 채 운반되고, 토막 난 살점들이 컨베이어 벨트 위로 이동해 포장되는 광경을 미자는 목격한다. 미자는 낸시에게 황금돼지로 값을 치르고 옥자를 구해낸다. 도축장을 빠져나오면서 작은 새끼 한 마리를 구해내지만, 벌판 가득한 슈퍼 돼지들의 울음을 그치게 할 수는 없다. 〈옥자〉는 산골로 돌아온 미자와 옥자의 행복한 순간으로 끝을 맺는다.

〈플란다스의 개〉의 엔드 크레디트에서 흘러나오던 새소리가 〈옥자〉에서 다시 들린다. 하지만 구해내지 못한 슈퍼 돼지들의 풍경을 머릿속에서 지우기란 힘들다. 자본주의 사회에서 개인은 부르주아 집단의 폭력과 권력을 이길 수 없다. 돼지들의 울음소리는 영원히 사라지지 않을 악몽으로 남는다. 그것이 봉준호의 영화에서 앞으로 어떻게 전개될지, 나는 지금 알 수 없다. 〈기생충〉이 그 사이의 이음매로 기능하리라고 짐작할 수 있을 뿐이다.

훼손당한 마더 네이처

봉준호의 영화에서 어머니는 희귀하다. 〈기생충〉이 나오기 전에 어머니가 주요한 인물로 나온 영화로는 〈마더〉가 유일하다. 봉준호는 엄마라는 캐릭터에 불편함을 느끼는 것 같다. 그의 영화에 나오는 가족은 모던한 커플이나 핵가족과는 거리가 먼 보통의 구식 인간을 구성원으로 한다. 남자들은 대개 보수적이고 변변찮다. 그런 가족과 남자에게 엄마와 부인이 없으니 무언가 허전하다. 〈괴물〉과 〈설국열차〉에서 아버지 역할로 나온 송강호가 딸을 구하겠다고 애쓰는 모습은 안쓰럽다.

와중에 〈마더〉가 나왔는데, 이 어머니가 또 특이하다. 〈마더〉는 유니버설한 모성에 관한 연구서가 아니다. 그렇다고 주변에서 흔히 보는 한국의 어머니상과도 별로 상관이 없어 보이는 영화다. 이렇게 말하는 이유는 그녀의 심리와 연결된 행동들이 유별난 탓이다. 극성맞은 어머니랑은 또 다르다. 남다른 행동이 눈길을 끌지만, 그녀의 행동을 들여다보면 무언가 이해하고 싶은 인물이다. 사실 그녀가 처한 상황이 평범한 행동을 할 수 없게 막는다. 굳이 표현하자면 '저런 상황에서는 저런 행동을 할 법한 어머니'의 모습이다. 그녀는 〈플란다스의 개〉의 현남이나 〈옥자〉의 미자랑 비슷한 사람이다. 어리거나 젊은 여성이 했을 때는 웃으며 지나쳤을 행동이 어머니의 그것으로 넘어가니까 심각하게 받아들이게 된다. 볼 때마다 다른 생각을 하게 만드는 사람이 〈마더〉의 어머니다.

어머니가 숲에서 잠들었다 깨는 장면을 볼 때면 나는 뜬금없이 〈이상한 나라의 앨리스〉를 떠올린다. 마침 그녀는 공간이 낯설다는 표정을 짓는다. 다음 장면은 그녀를 〈마더〉의 첫 번째 쇼트로 데려다 놓는다. 그녀는 자신이 마른 벌판의 풀과 다르지 않음을 발견해낸다. 자연은 내가 보든 말든 자기 마음대로 움직인다. 그녀의 움직임도 그러하다.

대자연을 두고 '마더 네이처'라 부른다. 자연이 만물의 어머니라는 뜻에서 쓰이는 말이다. 어머니는 자연과 가장 가까운 존재인데, 〈마더〉의 마른 풀밭 장면에서 어머니는 자연 그 자체로 화한다. 그랜드 캐니언이나 아마존의 숲처럼 거대한 자연의 보고도 있지만, 시골 아주머니의 눈에도 평소 띄지 않던 비밀스러운 벌판 같은 자연도 있는 법이다. 그런 벌판에서 어머니는 자신의 얼굴을 찾는다. 아들의 결백을 주장하려고 온갖 짓을 다했으나, 세상의 누구도 그녀의 목소리에 귀 기울이지 않았다. 살인을 저지르고 나서야 발견한 한적한 벌판이 자신과 닮았음을 그녀는 알아차린다.

파란 풀이 누렇게 마르도록 아무도 찾지 않는 공간, 바람에 풀들이 흔들릴 때도 아무도 눈길을 주지 않는 공간, 그것은 의지할 데 없는 시골의 어머니와 닮았다. 낯설지만 아늑함과 친숙함을 느끼게 하는 곳에서 그녀는 춤을 춘다. 자신과 같은 존재와 처음으로 마주했기 때문이다.

시골의 한구석에서 평온하게 지내던 모자의 삶은 살인사건으로 바깥세상과 전면적으로 접촉하면서 추락한다. 아들 도준이 당한 수모는 어머니에게 그대로 전가된다. 그녀의 행동은 정상적이지 않아 보인다. 망신살을 당하는 것쯤은 아무것도 아니다. 그녀에게는 법이나 규범, 혹은 사람들의 시선 같은 것이 별다른 의미가 없다. 오로지 자신의 내적 룰에 따라 행동한다.

그녀가 하는 제일 기이한 행동은 사건의 열쇠를 쥔 고물상을 살인하는 게 아니라, 도준 대신 범인으로 몰린 청년을 찾아가는 일이다. 기도원에서 탈출했다 붙잡힌 고아 청년에게 어머니는 묻는다. "부모님은 계시니? 엄마 없어?" 그리고 그녀는 오열한다. 청년은 도준과 자신처럼 '보호받지 못한 약자'다.

이 장면에서 그녀는 평범한 어머니를 넘어선다. 청년 앞에서 차마 진실을 말하지 못하는 어머니는 자연으로서의 자기 정체성에 오염을 가할 수밖에 없다. 지옥과 같은 현실을 통과하면서 용케 괴물은 면했지만, 그녀는 상처를 입은 자연으로 살아가야 할 것이다. 그녀가 쳐

놓은 경계선은 도준의 행동으로 물거품이 된다. 자기가 우발적으로 살인을 저질렀다는 사실을 인지하지 못하는 도준은, 어머니가 우발적으로 저지른 살인의 물증을 그녀에게 건넨다.

그녀는 침통을 바라본다. 그리고 괴로운 기억을 지워준다는 용한 침을 자신에게 사용하기로 한다. 자신과 아들의 살인의 기억을 어서 머릿속에서 지워내야 한다. 그녀는 자기 허벅지에 침을 놓는다. 침은 고통스러운 기억과 함께, 시골의 한적한 벌판을 닮았던 그녀의 정체성마저 지운다.

그녀는 자연에서 평범한 인간으로 돌아간다. 벌판에서 혼자 조용히 춤추던 그녀는 다른 어머니들 사이에 섞여 몸을 흔든다. 그녀가 그토록 경기를 일으키던 거대한 차 안에서. 봉준호의 영화에 평범한 어머니가 찾아오는 시간은 그렇게 마련된다.

자연은 순수하고 맑은 존재와 상응하는 공간이다.

폭력의 비극이 스며들지 않았다면 평온하고 빛났을 공간이 음습하고 피비린내 나는 곳으로 변질된다.

봉준호 코드

Bong Joon Ho Code

- 행위 -

먹기

09

이용철

카니발리즘의
현기증

〈살인의 추억〉, 카니발리즘의 현기증

봉준호 영화에서 '식인'의 냄새를 처음 맡은 건 〈플란다스의 개〉에
서다. 더 정확하게 표현하자면, 이후 봉준호의 영화를 보다 〈플란다
스의 개〉의 '그' 장면에 식인의 기미가 있음을 확인하면서부터다. 어
느 날, 변 경비는 도시 괴담을 들려준다는 듯이 '보일러 김씨'에 관한
에피소드를 전한다. 신축 아파트의 보일러가 제대로 작동하지 않았
는데, 그걸 해결하러 멀리 전라도에서 올라온 보일러 전문가가 문제
를 해결한 뒤 사고로 죽었다는 이야기. 여기서 괴이한 것은 이야기의
결말이 죽음이 아닌, 죽은 보일러 김씨의 몸을 아파트 지하 벽에 묻
어 숨겼다는 데 있다. 얘기의 결말에서 식인의 냄새를 맡는 게 과장

이라고 생각된다면 이야기를 전하는 풍경을 기억해야 한다. 이야기를 듣는 사람은 변 경비의 맞은편에 앉은 관리사무소 직원만이 아니다. 경비는 지하실 어디쯤에 누군가 미심쩍은 자가 있음을 눈치채고 있으며 그더러 들으라는 듯이 그 이야기를 전하는 거다. 실제로 이야기를 듣는 또 다른 이는 주인공 윤주인데, 죄 없는 강아지를 버려진 옷장에 가둔 죄로 그는 자신이 옷장에 숨은 채 그 이야기를 듣는다. 강아지로 보신탕을 끓이려는 경비는 기실 그에게 들으라는 듯이 능청스럽게 이야기를 늘어놓는다. 인간과 동물이 죽이고 먹고 먹히는 관계의 현장에서 보일러 김씨의 괴담이 흘러나오는 거다. 그렇다면 극중 먹고 먹히는 사슬의 맨 아래에 놓인 보일러 김씨를 먹은 사람은 과연 누구인가.

봉준호에게 큰 영향을 끼친 김기영의 〈하녀〉에서 동식의 아내는 악몽을 꾸다 비명을 지른다. '쥐약을 먹고 밥 위에 너부러진 쥐'의 이미지가 나오고, 그녀는 쥐의 얼굴이 죄다 인간의 그것이었다고 말한다. 그런 식으로 먹고 먹히는 관계 사이로 인간을 배치하는 방식은 〈살인의 추억〉에서 본격적으로 드러난다. 봉준호의 영화에서 '음식'이나 '먹는 행위'와 관련해 제일 먼저 기억되는 대사는 "밥은 먹고 다니냐?"

일 것이다. 〈살인의 추억〉에서 박두만 형사는 비 내리는 터널 앞에서 뜬금없이 그런 질문을 했다. 다음 신에서 박 형사가 꾸린 가족의 모습이 나온다. 가족 사이가 화기애애하지는 않아도 그들은 식탁에 둘러앉아 식사를 나눈다. 그리고 다음 신에서 그는 녹즙기 사업을 하러 밴에 올라타 이런저런 통화를 나눈다. 이게 아마도 "밥은 먹고 다니냐?"의 의미일 게다. 그런데 여기서 '밥을 무엇으로 만드는가?'라고 질문해보면 나는 곧장 영화의 맨 앞으로 끌려가게 된다. 〈살인의 추억〉은 죽은 자의 몸을 보여주는 것으로 시작한다. 매번 그 장면을 볼 때마다 시체가 놓인 시커먼 배수로의 맨홀 밑을 기억했는데, 이건 좀 이상한 일이다. 그 뒤로 한국인의 주식인 벼가 벌판 가득 누런 빛을 발하고 있는데, 왜 그게 거기에서 빛을 내며 출렁이고 있는지 질문해보지 않았기 때문이다. 혹자는 실제 벌어진 사건이 영화의 바탕이 되었기에 봉준호가 논둑 옆으로 시체를 배치했다고 답할지도 모른다. 그런데 이런 식의 풍경이 영화 내내 이어지고 있다면?

박 형사와 조 형사는 피의자 백광호와 지하 취조실에서 자장면과 군만두를 사이좋게 나눠 먹는다. 바로 전 장면에서 구둣발로 폭행을 가했던 두 형사와 매를 맞았던 남자가 천연스럽게 TV를 보며 음식을 먹는다. 그러다 박 형사는 "여자들, 너가 다 죽인 거지?"라고 대수롭지 않다는 듯이 묻는다.

다소 코믹한 풍경이 식인으로 직접적으로 연결되는 건, 봉준호의 영화에서 가장 인상적인 편집이 선보일 때다. 반장과 형사들은 살해 후 시간이 흘러 썩은 채 발견된 여자의 몸을 부검실에서 마주한다. 잠깐 여자의 몸 곳곳을 포착한 카메라의 시선에 다음으로 잡히는 건 핏빛이 선명한 고기의 클로즈업이다. 부검실에서 나온 형사들이 고기를 구워 먹는 거다. 그리고 다음 비가 오는 날, 한 아주머니는 마중을 나갔다 변을 당한다. 카메라는 굴비와 조림, 찌개가 놓인 밥상 너머로 붉은 옷의 여자가 통화하다 나가는 모습을 바라본다. 그녀는 곧 죽어 먹힐 것이다. 이 외에도 또 다른 여성의 질 속에 들어 있던 복숭

아 조각이나, 조 형사의 다리에 박힌 못(그의 다리는 얼마 후 수술로 잘려나간다)과 불판 위에서 바싹하게 익은 고기 조각의 교차 등이 무심하게 흘러나오는 걸 볼 즈음엔, 난 음식(혹은 먹는 행위)과 인간이 뒤섞인 거대한 연쇄의 풍경 앞에서 현기증을 느낀다. 〈설국열차〉에서 먹을 게 떨어진 사람들이 노약자를 잡아먹었음을 기억하라. 물론 봉준호 영화의 주제는 식인이 아니며, 그의 영화가 식인을 일삼는 어떤 취향을 다루려는 것도 아니다. 다만, 그의 영화가 인간의 몸이 동물처럼 먹힐 수도 있다는 급진적인 생각을 지녔음은 분명하다. 나는 봉준호의 영화 속 식인의 개념이 인간관계를 어떻게 해석하게 만드는지 궁금해졌다.

〈괴물〉, 인간의 뼈를 토하다

〈괴물〉은 괴물이 인간을 다루는 방식을 특이하게 보여주는 영화다. 여타 괴수영화에서 괴물은 인간에게 폭력을 가하는 게 다다. 먹을 때도 사정을 보지 않고 꿀떡 삼키는 게 보통이다. 〈괴물〉의 괴물도 처음 등장했을 때는 그런 것처럼 보인다. 그는 인간을 무차별적으로 공격한다. 그런데 괴물은 사라지면서 현서를 끌고 간다. 죽이거나 먹는 게 아니라 꼬리로 소녀의 몸을 포박해 어디론가 데려간다. 한강 둔치 어딘가에 있는 거대한 지하 공간을 보게 되는 건 그 다음이다. 그 곳은 괴물의 은밀한 저장고로서, 괴물은 잡아 온 인간들을 거기에 음식처럼 쌓아둔다. 어떤 기준으로 먹을 순서를 정하는지는 알 수 없으나 괴물은 간혹 다가와 인간의 몸을 통째로 먹어버린다. 어느 날, 괴물은 속에 든 것을 게워낸다. 그의 몸속에 잔뜩 쌓여 있던 인간들의 뼈가 한꺼번에 쏟아져 내린다.

〈괴물〉의 주요 이야기는, 먹으려는 괴물과 먹히지 않으려는 현서의 관계에서 나온다. 현서는 괴물의 눈에 띄지 않게끔 지하 공간 안쪽의 으슥한 곳에 자리를 잡는다. 보이지 않음은 먹히지 않음을 뜻한다. 이후에 잡혀온 꼬마와 현서는 근근이 버티면서도 먹히지는 않는다. 그러나 한정된 공간에서 영원히 피할 수는 없는 법, 현서와 꼬마는 괴물의 몸속으로 들어가고 구원은 현서의 아버지 손으로 넘어간다. 아버지 강두는 쓰러진 괴물의 입을 벌려 딸과 꼬마를 끄집어낸다. 인간을 음식으로 삼아 통째로 삼켰던 괴물과, 음식이 되지 않기 위해 사투를 벌인 인간의 관계는 그렇게 끝을 맺는다. 물론 괴물은 인간이 그렇게 끈질기게 반격할 줄은 몰랐을 것이다. 알았다면 다른 만만한 생명체를 잡아먹었을 것이다. 그렇다면 괴물은 애초에 왜 인간을 잡아먹기로 한 것일까?

〈괴물〉의 도입부에서 괴물은 한강을 떠돌던 돌연변이 생명체다. 보통 생명체는 자신이 속한 공간 내에서 먹을 것을 구하기 마련이다. 거대한 대양은 아니어도 한강은 수많은 어류가 공존하는 곳인데, 괴물은 왜 거기서 어류들을 먹으며 살지 않았을까. 어류로는 속이 차지 않았을 수도 있고, 우연히 맛본 인간 고기가 입맛에 맞았을 수도 있다. 〈죠스〉같은 장르영화였다면 이런 질문을 던질 이유가 없다. 거대한 생명체가 인간을 공격해야만 이야기가 전개되기 때문이다. 그런데 〈괴물〉은 장르영화이면서 그 안에 독한 주제를 품고 있는 영화다. 애초에 괴물을 만들어낸 것은 주한 미군의 연구실에서 무심코 흘려버린 독극물이다. 일차적으로 독극물이 한강이란 자연을 향한 것이기에, 논리적으로 (파괴돼 분노한 자연을 상징하는) 괴물이 인간을 공격하고 먹는 것이 맞다. 그렇게 괴물이 인간을 먹게 된 이야기에서 봉준호의 영화는 역으로 식인의 주제로부터 방향을 튼다. 봉준호는 인간이 먹히는 것을 상상하기보다, 왜 시스템 안에서 그런 일이 벌어졌는지 바라보도록 한다.

먹는 것은 계급적이고 폭력적인 행위다

샘 페킨파의 〈와일드 번치〉(1969)의 첫 장면에서 서부의 거친 남자들은 모여 있는 아이들을 슬쩍 바라본 뒤 스쳐 지나간다. 웃음 지으며 노는 아이들의 등 너머를 바라보면 깜짝 놀라게 된다. 두 마리의 전갈과 수천 수백 마리의 개미들이 목숨을 걸고 싸우는 중이다. 웃으면서 혹은 담담하게 바라보던 아이들은 그 위로 짚단을 얹어 불을 피운다.

그것에 비하면 〈살인의 추억〉의 도입부는 순진해 보인다. 〈살인의 추억〉은 메뚜기를 바라보는 소년의 표정으로 시작한다. 조금 후, 카메라는 병에 담긴 수많은 메뚜기를 슬쩍 보여준다. 천진난만해 보이는 인간의 폭력성이 〈와일드 번치〉의 도입부에 깃들어 있다면, 상대적으로 평범해 보이는 〈살인의 추억〉의 그것은 어쩌면 더 무섭다. 소년은 그날이 지나기 전에 메뚜기를 불과 기름에 볶아 먹을 것이기 때문이다. 소년과 메뚜기의 관계는, 바로 이어 죽은 여인과 그녀의 몸 위로 들끓는 개미들의 관계로 역전된다. 봉준호의 선택은 매번 그러하다, 드러내지 않는 방식.

메뚜기 뒤로 앉은 소년이나, 인간을 꼬리로 잡아가는 괴물이나 봉준호의 영화에서 다를 건 없다. 더 크고 더 센 것이 더 작고 약한 것을 잡아먹는 풍경, 그것을 봉준호의 영화에서 발견하는 건 어려운 일이 아니다. 여기서 더 중요한 건 사이즈보다 힘이다. 〈옥자〉에서 슈퍼 돼지는 어마어마한 크기로 성장하지만, 온순한 슈퍼 돼지는 도살장에 끌려가면서도 저항하지 못한다. 거대한 먹이사슬의 맨 위로 인간끼리 먹고 먹히는 잔혹한 전쟁터가 존재한다. 폭탄주의 대가인 학장(〈플란다스의 개〉), 후배를 팔아 현상수배 보상금을 취하는 통신사의 선배

〈〈괴물〉〉, 친구인 척 도준에게 죄를 떠넘기고 돈까지 뜯어내는 진태(〈〈마더〉〉), 바퀴벌레로 만든 단백질 블록을 하층민에게 제공하는 윌포드(〈〈설국열차〉〉), 유전자 조작의 산물인 슈퍼 돼지로 돈을 벌려는 재벌(〈〈옥자〉〉)은 포식류의 상위에서 끝없이 먹어대는 것들의 이름이다.

〈〈기생충〉〉의 클라이맥스는 세 개의 파티로 이루어진다. 집주인인 동익의 가족이 캠핑을 떠난 뒤, 기택의 가족은 파티를 벌인다. 마루에 둘러앉아 음식과 술을 즐기다 그들이 근미래에 동익의 사돈 가족이 되는 꿈을 펼친다. 기우와 기정이 지금처럼 신뢰를 쌓는다면 안될 것도 없어 보인다. 그러나 꿈은 현실이 되지 못한다. 문광이 찾아오고, 문광의 남편이 기거하는 지하의 공간을 보는 순간, 영화는 그들이 원래, 그리고 현재 속해 있는 공간을 마주하게끔 만든다. 이어악천후로 인해 캠핑에서 복귀한 동익의 가족은 기택의 가족을 더욱가혹하게 현실로 내몬다. 동익 부부가 섹스할 동안 숨죽여 숨었던 그들은 마침내 귀가하는 데 성공하지만, 반지하 집이 폭우로 완전히 잠기는 바람에 수용 시설인 체육관을 찾는다. 불과 몇 시간 전에 먹고마셨던 음식과 술은 그들의 소유가 될 수 없음을, 영화는 그렇게 인식시킨다.

　다음 날, 동익의 가족은 파티를 벌이기로 한다. 전날 밤, 같은 공간에서 짧은 파티를 즐겼던 기택의 가족은 그 공간이 자신의 것이 아님을 절감한다. 젊은 부르주아 가족들이 파티와 음악과 바비큐를 즐길 동안, 기택의 가족 전원은 또 다른 파티의 노동자로 전락한다. 그리고 노동자와 기생충이 우연히 꾸민 반란의 파티가 폭발한다. 세 번째 파티에서 그들은 먹는 데 쓰는 도구와 먹는 음식을 먹는 데 쓰지 못한다. 문광의 남편은 부엌칼을 기정의 가슴에 꽂고, 기정은 케이크를 그의 얼굴에 박는다. 딸을 구하러 나선 충숙은 소시지와 새우를 끼운 꼬챙이로 문광 남편을 찔러 죽인다. 여기서 음식과 인간은 죽음을 빌

려 완벽하게 하나의 일체를 이룬다. 그 와중에 동익은 문광 남편의 몸에서 나는 냄새에 혐오감을 표하고, 그것을 본 기택은 갑자기 칼을 들어 그의 가슴을 찌른다. 그는 동익의 얼굴에서, 먹을 것의 냄새가 마음에 들지 않은 포식자의 표정을 읽었을지도 모른다.

이후 기택과 문광의 가족에게 벌어진 일은 탐내면 안 되는 것을 탐 낸 것에 대한 벌로 보인다. 여기서 탐내면 안 되는 것을 가장 직접적 으로 보여주는 것은 음식이다. 기택의 가족은 함부로 집주인의 음식 으로 파티를 벌이면 안 되는 것이었고, 문광과 남편은 주인 몰래 마 련한 음식으로 기숙하면 안 되는 것이었다. 천국에 잠시 머물며 기생 할 수는 있어도 천국을 온전히 누리는 것은 그들의 몫이 아니다. 그 러므로 그들에게 이 이야기는 실낙원도 되지 못한다. 시스템은 알아 서 기택과 문광의 가족에게 원래 위치를 돌려주거나 벌을 내린다. 그 중에서 기택의 가족은 두 곳으로 동떨어져 나뉜 반지하의 공간에서 서로 접근하지도 못하는 지경에 처한다. 다시 말해 그들은 부르주아 의 음식을 탐하면 안 되는 것이었다. 동익의 가족이 캠핑에서 돌아오 던 날 충숙이 급히 짜파구리를 만들어야 했던 것처럼, 그들에게 주어 진 일은 부르주아 가족에게 음식을 만들어 먹이는 것이었다. 산 채로 먹히지 않으려면 그런 삶에 충실했어야 했다.

파티는 결말은 기우가 짓는 히스테리컬한 웃음으로 연결된다. 뇌 손상의 후유증이긴 해도 그가 웃는 데는 이유가 있다. 병상에 누운 기우 앞으로 형사처럼 생기지 않은 형사와, 의사처럼 생기지 않는 의사가 서 있다.

이 장면은 〈살인의 추억〉에서 '얼굴만 보면 범인을 알아본다'는 박 형사에게 반장이 했던 말을 기억하게 한다. 반장은 뒤쪽으로 앉은 두 남자를 보고 누가 강간범이고 누가 가해자의 가족인지 맞혀보라고 말한다. 제법 투박하게 생긴 남자와 예쁘장하게 생긴 남자를 잠시 기웃거리던 카메라는 박 형사의 베드신으로 넘어간다.

기우는 의사가 의사처럼 생기지 않아서 웃는 게 아니다. 의사처럼 생기지 않은 사람이 의사를 하는데, 세상이 흘러가는 방식은 좀체 변하지 않는다. 기택의 가족은 결국 동익의 가족을 먹지 못했다. 세상은 신처럼 가혹하고 준엄하다. 선악과를 먹지 말라고 명령했을 때는 먹으면 안 된다. 그럴 경우 죄를 짓는 것이고 영원한 벌에 처하게 된다. 선악과의 힘은 그렇게 세다.

세상은 신처럼 가혹하고 준엄하다. 선악과를 먹지 말라고 명령했을 때는 먹으면 안 된다.

그럴 경우 죄를 짓는 것이고 영원한 벌에 처하게 된다. 선악과의 힘은 그렇게 세다.

달리기

10

텅 빈
대상을
향해

달리는
인물들

정
민
아

　1969년생인 봉준호의 영화에는 1980년대와 90년대의 역사적 기억
이 흔적으로 남아 있다. 한국의 1980년대는 정치적·사회문화적으로
과도기에 놓인 시기다. 군사독재, 광주민주화운동, 1987년 6월 항쟁,
대통령선거와 시민사회의 출현 등 사회 변혁을 향한 정치적 열정, 그
격변기를 직접 겪고 참여했던 경험은 21세기에 영화를 만들고 있는
봉준호에게 중요한 자양분이다. 1990년대에는 사회변혁에 대한 집단
적 에너지가 사그라든 자리에 대중문화, 일상, 개인의 욕망이 중요한
화두로 떠올랐다.

　컬러텔레비전, 비디오, 프로스포츠, 올림픽, 대단지 아파트, 패스

트푸드, 대형 쇼핑몰 등 화려한 시각적 유혹이 넘실거리던 1980년대 후반과 1990년대에는 B급 대중문화가 유행하고 거대담론보다는 일상적 삶이 중요한 관심거리였다. 2000년대에는 권위주의에 저항하며 사회를 주도했던 민주화세력이 80년대를 되돌아보는 후일담 문화가 여러 방식으로 확산되었다. 사회 전체가 변혁의 열망으로 가득했던 그 시기를 살았던 사람들에게 80년대는 짙은 잔상으로 남아 있다. 되돌아보면 독재세력과 민주화세력의 거대한 대결은 사회 민주화라는 대의 아래 승부가 결정이 났지만 혼란을 수습하고 새로운 체제를 만들어가는 과정에서 권위주의라는 공통의 문제와 마주쳤다.

유연해진 사회 분위기에서 풍자적인 시선으로 되돌아보고 서사에 이를 투영함으로써 봉준호 영화는 메시지 면에서도 탁월한 성취를 이룬다. 선과 악의 대비가 아니라 이쪽 저쪽이 거울처럼 비슷해진 모습 속에 긍정성과 부정성이 거의 모든 것에서 나타나면서 표현되는 역설의 미학은 봉준호의 스타일로 구축되었다.

1980년대를 살았던 시대적 경험은 봉준호 영화에서 '달리기'라는 행위에 응축되어 나타난다. 1970년대 산업화 시기에 압축 경제성장을 위해 국민은 매일 속도전을 치르며 빠르게 달렸다. 1980년대에 경찰과 시위대의 쫓고 쫓기는 행위는 늘 일어나는 일상적 해프닝이었다. 1990년대는 고도 경제성장의 결과로 화려한 속도감의 시대를 맞이했는데 나날이 도시의 발전도 빠르고 유행도 빨라서 '빨리빨리' 문화가 주는 다이내믹함이 당시를 설명하는 키워드가 되었다. 산업화, 민주화, 고도경제성장, 세 시기를 살아온 봉준호에게 달리기는 하나의 기표이다. 급하고 빠르고 역동적이라는 것은 한국성을 표현하는 형용사이기도 하다.

가파른 수치로 성장한 경제, 급격하게 탈바꿈한 도시 외관, 민주화를 위해 내달린 젊은이들, 쫓는 경찰과 쫓기는 사람들. 의미적으로나 시각적으로 달리기는 변화를 바라고 상승을 원하는 한국적 심상을 표현하는 행위다. 봉준호 영화 안에서 이 끝없는 질주는 별 소득이 없음을 확인하고 허탈해지는 엔딩으로 향하곤 한다. 뒤돌아보니 무엇을 위해 달려왔는지 알 수가 없다. 맹목적인 달리기는 광기로 이어지고 광기 뒤에는 상실된 인간성과 물질성이 남는다.

히치콕은 텅 빈 아무 의미 없는 대상을 맥거핀이라고 칭했다. 중요한 것은 이미 다른 데로 가버려 관객은 엉뚱한 데를 주시하다가 허를 찔려버리는 방식에서 서스펜스를 만든다는 히치콕의 영화적 개념은 봉준호의 달리기에서 효과적으로 표현된다.

봉준호의 달리기란 시대에 대한 알레고리로서의 맥거핀이다. 인물들은 내내 뛰어다니고, 필사적으로 어떤 대상을 찾아 추적극을 벌인다. 역사 속에서 이들은 정확한 방향을 모른 채 그저 달리고, 달리고 난 후 뒤돌아 본 세상은 무기력하며, 과오는 또 다시 반복된다.

미치도록 잡고 싶은 필사의 추적과 미끄러짐

〈플란다스의 개〉는 IMF 이후 방향을 잃고 무기력해진 현대인의 도덕적 무감각을 그린다. 실종된 개를 찾아나서고 개 납치범을 찾기 위해 달리고 또 달리는 현남의 분투기는 무너진 도덕성에 대한 역주행이라는 메시지를 함의한다. 남의 개를 납치한 윤주를 쫓는 현남, 그런 현남을 쫓는 부랑자 최씨는 아파트 복도와 계단을 거칠게 질주한다. 현남은 앞에서 달리는 남자가 윤주인지를 모른채 그를 쫓고 있고, 또한 부랑자 최씨가 왜 그녀를 쫓고 있는지 알지 못하면서 도망가는 중이다.

이 영화는 현재를 살아가는 서민들의 좌충우돌을 우스꽝스럽게 바

라보는 코미디 형식을 취하지만 이들이 살고 있는 현실에는 역사적 상

흔이 있다는 것을 예리하게 관찰한다. 봉준호 영화에는 지하실, 동굴, 하수구와 같은 어둡고 폐쇄된 공간이 그의 작가적 직인처럼 꼭 등장한다. 〈플란다스의 개〉의 아파트 지하실, 〈살인의 추억〉의 지하 취조실, 〈괴물〉의 하수구, 〈마더〉의 움막집, 〈설국열차〉의 기차 꼬리 칸, 〈옥자〉의 가축 도살장, 〈기생충〉의 반지하방. 이때 폐쇄공간은 공포와 트라우마를 드러나지 않게 꽁꽁 묶어놓은 공간이어서 인물들이 이곳을 빠져나오기 위해 애를 쓰는 장면에서 긴장감이 촉발된다. 그의 영화 속 어두운 폐쇄 공간은 비극의 역사적 상흔으로 해석할 수 있다.

가령, 〈플란다스의 개〉에서 지하실에 기거하는 경비원 변 노인은 아파트 부실공사에 대해 말하는데, 이 장면은 뒤틀린 공포감을 표현하기에 코미디 효과가 유효하지만 그저 웃을 수만은 없다. 이 에피소드에서는 지하 벽 뒤에 숨어 있을 것 같은 시체에 대한 공포감을 떠올리게 한다. 잡동사니와 폐기물이 쌓여 있는 지하실에 보일러 기술자가 살해되어 묻혀 있다는 고백은 식민지와 전쟁, 독재시절을 경유한 한국인에게 과거 학살의 트라우마를 자극하고, 현재 일상의 공간을 익숙하고도 낯설게(uncanny) 만들어 버린다.

평범한 일상의 공간 밑에 자리한 어두운 집단적 기억의 폐쇄공간 안에서 화자인 경비원 또한 도덕적으로 무감각해서 길을 잃어버린 개를 끓여 먹으려 한다. 그가 잠시 자리를 비우자 부랑자 최씨가 그 국을 다 먹어치운다. 부랑자는 거기 있길래 먹었을 뿐이다. 먹을 것을 탐하는 최씨와 남의 것을 훔친 경비원 중 누가 더 부도덕한가는 우열을 가릴 수 없다.

사회에 만연한 부도덕함은 엉뚱한 유머를 만들어내면서 관객을 킥킥거리게 만든다. 봉준호 영화의 인물들은 근엄한 사회고위층과 상류층에서 친근한 서민과 하층민에 이르기까지 도덕률에 무감각하고 뻔뻔하다. 그러나 이들의 무감각과 뻔뻔함은 너무도 익숙한 일상적 풍경이어서 더 풍자적이고 우습지만 보는 사람으로 하여금 마음 한 켠이 찔리게 만든다. 모두가 묻어버린 채 질문하지 않고 보이지 않는 것으로 내버려둔 것이 사회의 극심한 모순과 부조리를 낳았으므로.

봉준호 영화의 달리기는 한편의 소동극 혹은 다이내믹한 액션 효과를 위해 잘 사용되지만 심층으로 들어가보면 왜 쫓고 쫓기는지 모른 채 결국 아무것도 남지 않는 경우가 많다. 끝까지 쫓았지만 오인된 대상이거나 텅 빈 구멍이었다는 것은 최후에나 알 수 있다. 그러면 영화 전체가 무위로 남는다. 하지만 보이지 않는 대상이 사라진 자리에는 얼룩이 희미하게 존재한다.

〈플란다스의 개〉에서 현남은 부랑자 최씨에게 쫓기는 처지에 놓인다. 그녀는 최씨가 개를 훔치려고 쫓는 것으로 오인하고 죽을힘을 다해 뛰지만 결국 잡히고 만다. 현남을 잡은 최씨는 어이없게도 이웃집 할머니가 남긴 무말랭이를 전해주기 위해 쫓아왔다. 쫓기는 인물인 현남의 오해는 안도감으로 바뀐다. 그 안도감 후에는 오인에 대한 미안함과 전해준 선물에 대한 고마움이 남는다. 부랑자는 타인을 해할 것이라는 편견이 도망가도록 부추겼으며, 유산으로 남은 선물은 보잘 것 없다. 쉽게 상상할 수 있던 것이 다 깨져버리는 그곳에는 씁쓸한 웃음이 뒤따른다.

우리는 달리고 또 달렸지만 멈춰버린 자리에 서면 그동안 무엇 때문에 달려왔는지 잘 기억이 나지 않는다. 산업화 시대의 질주는 단기간 내 성장을 낳았지만 그로인해 인권문제와 불평등이라는 사회적 모순이 남았고, 민주화 시대의 질주는 사회변혁이라는 큰 성취를 가져왔지만 목표 달성 후의 방황과 허망함이 남았다. 화려한 경제성장을 경험한 후에는 쫄딱 망해버린 구제금융의 그림자가 남았다. 집단의 정치적 무의식이라는 면에서 봉준호 영화는 쫓고 잡은 후 남는 허탈감을 드러낸다.

있는 힘껏 달렸던 현남이 허탈해지는 그 지점은 허황된 웃음을 유발하는 차원에 머무르지 않고 달리기를 요구했던 시대의 끝에 대해 뒤돌아보게 만든다. 각자에게 다른 의미를 지니는 대상 개는 인물들 각각의 행동을 부추기는 동인이 된다. 윤주는 개를 가두었지만 일상 은 여전히 불안하고, 경비원은 개를 요리했지만 먹지 못했으며, 현남 은 실종된 개를 찾지 못했다. 각자의 개를 쫓는 행위는 결국 텅 빈 기 의로 남아 버렸다.

〈살인의 추억〉은 1980년대 반민주 권위주의의 폭력성을 폭로한다. 박두만은 오랜 형사 경험의 감으로 범죄자를 찾아내려고 한다. 그는 범죄자를 눈으로도 당장 알아볼 수 있다고 확신한다. 그의 확신이 분 명할수록 실패할 확률도 높다. 서태윤 형사 또한 범인을 미친 듯이 추적하다가 애매한 확신으로 범인에 매달리는 건 마찬가지고, 중학 생 소녀의 죽음 이후 그의 추적은 광적으로 변한다. 폭발적으로 질주 하는 그들에게 관객은 감정이입하게 되는데 거리를 두고 멀찍이 이 광경을 바라보면 1980년대 끝없이 달렸던 그 시절의 맹목성이 떠오 른다.

1980년대의 격렬한 정치적 저항의 경험과 그 이후 탈정치 흐름을 경험한 세대의 일원인 봉준호의 역사의식은 오락적 재미를 기본으 로 하는 장르영화 틀 안에 빼곡하게 숨겨져 있다. 그의 영화 전체 리 스트가 자본주의와 신자유주의, 양극화를 비판하는 정치적 메시지를 가지고 있음은 다양한 상징언어로 표출된다.

보이지 않는 살인범, 사라진 범인을 쫓는 과정은 낭비된 시간이었다. 사건은 미결로 남았고, 고문의 기억과 흔적은 잔존한다. 80년대에는 억압적 통치체제의 관행이 일상에도 곳곳에 스며들어 있었다. 공권력의 대시민 폭력과 광기 어린 쫓음은 사명감으로 가득한 보통 경찰에도 당연한 일이어서 이들이 오인된 범인을 쫓고 가두고 고문하는 일도 평범한 일로 치부되었다. 영화는 좌충우돌하며 도망가고, 고문에 허위 진술을 하는 일반인 에피소드들도 진지하기 보다는 거리를 두고 웃게 만든다. 현장 검증 중 도망가버리는 백광호를 쫓는 형사들의 모습은 확신에 찬 맹목성의 우스꽝스러운 초상이다.

영화는 1980년대 실제로 일어난 미궁의 연쇄살인사건을 다루면서 그 상흔의 기억, 범인을 잡기 위해 달렸지만 침묵만 남은 현실, 텅 빈 하수구와 드러내지 못한 진실을 통해 1980년대의 트라우마를 각인시킨다. 미해결로 남은 사건은 형사들의 무능력과 살인자의 전능함 때문이 아니라 시대의 어둠이 초래한 결과다. 허무한 결말은 경제적으로는 달리고 달려 수치적으로 목표를 이뤘지만 정치적이나 정신적으로는 무기력증에 빠지고 모순이 더욱 심화되어버린 한국사회를 가리킨다.

〈괴물〉은 어설프게 덮어놓은 사회문제가 이상한 형체로 되돌아와 사람들을 위협한다는 상상력을 펼친다. 이 영화도 역사의 얼룩을 시각화한다. 괴물을 쫓는 인간과 인간을 쫓는 괴물, 이 역설적 관계망은 역사적 혼돈을 알레고리화한다. 괴물은 잡아온 사람들을 한강의 지하세계인 하수구에 가둔다. 바깥에 있는 사람들은 괴물의 위치를 찾을 수가 없고 말 그대로 미궁에 빠진 미로다. 괴물을 퇴치하기 위한 마스크와 화염병, 그리고 바이러스에 감염된 가족을 찾는 수배 전단지는 1980년대를 환기시킨다. 커다랗고 시커먼 뭔가가 물속에 있어 눈에 띄지 않아 그 존재를 잡지 못하고, 수배자 가족은 경찰과 군인에게 쫓긴다.

'한강의 기적'이 한국의 경제적 성장을 의미하는 것처럼 한강 아래 사는 괴생물체는 바로 한국 산업자본주의의 압축적 성장을 상징한다. 잘 사는 것이 지상과제였던 산업화 시기에 개인의 이상이나 가치는 제쳐둔 채 경제성장에 전 국민이 몰두했고, 한강은 기적을 이루었지만 경제성장 이면의 그림자인 거대하고 시커먼 괴물은 지하세계로 숨어버렸다. 그 괴물은 탐욕스럽게 먹어치우고 아무리 먹어도 배가 차지 않아 지상 위로 올라와 먹잇감을 포획하기 위해 폭발적으로 달린다.

미군의 독극물 불법 방수로 인해 탄생한 한강의 괴물은 해방과 전쟁 이후 미국식 서구 자본주의 제도를 적극적으로 받아들인 한국에

이식된 외부 흔적들의 응축물이다. 그 생명체는 평상시에는 모습을 나타내지 않아 보이지 않다가 불현듯 나타나 현장을 초토화시키고 다시 사라진다. 미군의 한국 점령과 산업화 모토 아래 갈등은 숨겨지고 모순은 덮이며 개인의 목소리들은 무시되던 사이, 괴물은 점점 더 커져버렸다. 그 괴물이 먹어치우는 인간은 한강에서 휴식을 취하는 서민이다. 모호한 정치적 기표인 괴물은 부자를 공격할 일이 없다.

하수구에서 서로 위안하며 희망을 잃지 않는 매점 소녀와 거지 소년은 괴물이 무엇을 노리고 있는지 보여준다. 바로 경제적 양극화로 인해 생겨난 많은 주변인들, 한강변에 외로이 불을 밝히는 매점처럼 주류에서 밀려난 소외된 약자들이다. 이 괴물을 잡고 딸을 구하기 위해 나서는 강두 가족의 고군분투 달리기는 국가시스템이 갖추어야 할 안전망으로부터 보호받지 못하는 사각지대에 놓인 가난한 자들이 사적으로 스스로를 지키고 저항해야 함을 의미한다.

도시 서울은 글로벌 메가시티로 나날이 커져가지만 부의 양극화는 고착되어 위계구조가 균열을 내지 않고 단단해지는 상황에서 불안을 느끼는 서민들은 달리고 또 달려서 결국에는 괴물을 때려잡는다. 그러나 그토록 찾고 싶었던 딸은 없고, 대신 강두는 딸의 흔적인 소년을 데리고 집으로 돌아온다.

새로운 가족이 다시 결성되었다. 김이 모락모락 나는 저녁식사를 나누어 먹는 두 사람의 행위는 모든 것이 해결되고 안정을 찾은 듯이 보인다. 하지만 넓은 한강변에 고립된 것처럼 외따로 서 있는 매점의 바깥을 계속해서 응시하고 총을 드는 강두를 보면서 이 평화와 안정은 언제든 깨질 수 있으며 불안 요소는 주위에 언제나 잔존하고 있음을, 필사의 추적은 결국 아무것도 해결하지 못했음을 깨닫게 된다.

〈마더〉에서 엄마는 다 큰 성인인 아들 도준을 하루종일 예민하게 관찰한다. 그는 성인이지만 지적으로 미성숙한 문제가 있다. 도입부에서 엄마는 약초를 자르면서 건너편 길에서 놀고 있는 도준에게서 눈을 떼지 못하고, 그녀의 눈과 멀리 떨어진 도준을 오가는 교차편집은 곧 무슨 일이 일어날 것이라는 서스펜스를 증폭시킨다. 역시나 차가 도준을 가볍게 치고, 그녀는 도준을 보호하기 위해 필사적으로 달려 나간다. 엄마가 영화에서 실제로 뛰어다니는 장면은 많지 않지만 영화 전개는 전체적으로 아들을 보호하기 위해 무언가를 찾아나서는 엄마의 추적 여정으로 구성되어 있다.

엄마는 아들의 무죄 증거를 찾기 위해 나선다. 그러나 무죄의 증거란 것은 불가능하다. 대신 누군가의 유죄 증거를 찾아내야 한다. 그녀는 처음에는 도준의 친구인 진태를 의심하고, 숨진 소녀 아정의 행적을 쫓고, 목격자 노인을 찾으러 간다. 이와 같은 엄마의 추적 여정은 아들을 보호하려는 동물적인 모성애이지만, 아들의 진실을 은폐하는 광기의 모성성으로 차 있다. '마더'라는 단어가 주는 숭고함과 달리 영화는 단어의 숭고함 뒤에 과잉 모성성으로 혼탁해진 현실의 참혹함을 직시한다.

영화 마지막 장면은, 엄마는 진실을 알지만 자식을 보호해야 한다는 맹목적인 믿음 아래 죄책감으로 지옥의 삶을 살아야 하는 처지를 은유한다. 달리는 고속버스 안에서 모든 악몽을 잊기 위해 스스로 허벅지에 침을 놓은 후, 막춤을 추는 여행객 무리에 껴서 춤추는 엄마의 실루엣이 마지막 장면이다. 카메라가 포커스 아웃되어 슬로우 모션으로 해를 등진 채 춤추는 사람들을 훑는 가운데, 그 누구보다 신이 나서 손을 이리저리 흔들어 춤을 추는 엄마의 모습은 위기는 끝났지만 현실은 지옥불이라는 점을 이중적으로 함의한다.

글로벌 엔진 위에서 달리기

영화 역사에서 기차는 매우 중요하다. 영화의 탄생은 바로 기차와 함께 시작했기 때문이다. 뤼미에르 형제의 〈기차의 도착〉은 1895년 12월 28일 파리의 한 카페에서 상영된 세계 최초의 영화 10편 중 하나다. 이후로 기차를 주인공으로 하는 많은 영화들이 나왔고, 기차는 영화가 오래도록 사랑하는 소재다. 티켓을 지불하고 입장하기, 어두컴컴한 곳을 통과하기, 낯선 사람들과 마주 앉아 있기, 풍경들이 휙휙 지나가기 등과 같은 신체적, 시각적, 정서적 체험은 기차와 영화가 서로 긴밀하게 연결되어 있음을 보여준다.

초기영화 시대부터 관객은 영화를 보면 기차를 타고 여행을 떠난다는 기대감을 가졌다. 빠르고, 볼거리가 풍부하고, 흔들리고, 낯선 사람들과 함께 하는 기차의 경험은 때때로 에로틱한 상상력을 자극하곤 했다. 기차와 영화와 성은 늘 흥미로운 연결고리를 가진다.

〈설국열차〉에서 기차는 꽁꽁 얼어붙은 지구를 17년째 끊임없이 달리고 있다. 기차 내부에서는 꼬리 칸의 젊은 지도자 커티스와 그를 따르는 가난한 사람들이 맨 앞쪽 엔진 칸을 향해 질주한다. 미래사회의 노아의 방주처럼 기차는 남은 모든 인류를 싣고 달리고 있고, 이 기차 안은 원형적인 사회다. 꼬리 칸에서 한 칸 한 칸 나아갈 때마다 점점 더 상류층으로 올라서는 것은 신계급사회를 형성하고 있는 자본주의의 은유다.

기차가 얼음을 뚫고 달리는 것, 그리고 기차 안에서 각성한 가난한 이들이 앞을 향해 질주하는 것은 모두 역사를 진보하게 한다는 이미지이다. 전자는 기후로 인해 이미 사라지고 없어졌을 소수의 사람들이 기차에 타고 다시 인류의 역사를 시작하려고 한다는 것이며, 이는 역사를 다시 만들고 이어나가는 진보적 활동이다. 후자는 부에 따라 서로 나뉘어서 결코 왕래할 수 없는 공고화된 계급질서를 깨는 혁명적 운동이다. 기차는 근대를 대표하는 발명품이고, 19세기 낙관적 미래주의자들에게 기차의 운동성은 앞으로 진보하는 근대사회의 이미지로 받아들여졌다. 마르크스와 벤야민이 기차의 엔진과 브레이크, 조종석을 빗대어 혁명과 진보를 설명했다는 점에서도 기차가 근대인에게 가지는 의미가 무엇이었는지 알 수 있다.

다시 영화로 돌아와서, 봉준호 영화는 서양에서 발명된 장르 문법을 가지고 와서 로컬리즘 시각에서 변주하여 새로운 언어를 쓰는 것으로 알려져 있다. 로컬 공간과 로컬 캐릭터로 서양 언어를 번역한 위에 제3의 시네마 영역을 구축한다는 면에서 그의 영화는 늘 새로운 것으로 세계인에게 다가섰다. 이러한 그간의 경험과 명성을 근간으로 〈설국열차〉는 본격적으로 글로벌적 보편성에 호소한다. 상상의 공간을 배경으로 하는 SF 장르를 선택하고 외국 배우들이 대거 등장함에서 오는 글로벌 무드는 보편적인 메시지를 전달하는 수단으로 유용하다. 그 메시지란 신자유주의적인 질서가 가지고 있는 모순점을 정면으로 반박하는 것이다.

앞칸의 엔진을 장악하고 있는 윌포드는 꼬리 칸의 영웅 길리엄과 비밀리에 협력하여 작은 반란들을 유도하여 인구수를 조절하면서 질서를 유지해왔다. 끔찍하고 추악한 진실이 드러나자 혁명을 향한, 그리고 진보를 향한 질주는 방향을 잃어버린다. 혁명을 이끄는 자 커티스가 이제부터 엔진을 맡아 달라는 윌포드의 세뇌에 넘어갈 것인가, 아니면 어린아이의 노동이 있어야만 유지되는 비인간적인 엔진을 멈추는 것으로 타협에 응하지 않고 혁명을 이룰 것인가의 선택이 있다. 그러나 둘 다 정답은 아니었다.

지도자가 바뀌는 온건한 변화나 기차의 엔진을 멈추고 모든 것을 파괴하는 것은 둘 다 대안이 아니므로, 커티스는 기차 옆문을 열고 바깥으로 나가려고 했던 남궁민수의 제안을 받아들인다. 계급구조를 공고화하고 무한대로 달리는 기차를 장악하기 위해 질주한 것은 대안이 아님이 입증되자 기차를 파괴하는 것을 선택했다. 그리고 바깥으로 나갔을 때 남은 인류는 단 두 명. 이건 엄청난 실패고 비관이다. 진보와 혁명을 향한 달리기의 끝에 남은 건 결국 텅 빈 구멍이고, 모든 걸 파괴해야 새로운 것을 만들 수 있다는 슬픈 결말은 숭엄하다.

〈옥자〉는 그 어떤 봉준호 영화보다도 찾고, 쫓고, 달리는 영화다. 영화의 플롯 자체가 옥자를 잃어버린 미자가 옥자를 찾기 위해 강원도에서 서울로, 그리고 뉴욕과 도축장으로 내달리는 이야기이다. 돈 중심으로 돌아가는 자본주의 시스템의 사이클에서 미국의 대기업 미란도 사는 미래에 큰돈을 벌기 위해 유전자 조작으로 돌연변이 슈퍼돼지를 만들었고, 미자의 할아버지는 옥자를 황금돼지와 바꾼다.

옥자의 탄생부터가 돈의 논리에 의한 것이며, 옥자가 다시 미란도 사의 손으로 들어가는 것은 투자 개념에서 당연한 것으로 보인다. 그 사이에는 정성과 애정, 위안과 추억 같은 비물질적인 것은 고려되지 않는다. 그러므로 미자가 옥자를 찾기 위해 뛰어다니는 것은 자본주의 순환 사이클을 거스르는 상징적 행위이다. 〈괴물〉에서 괴물을 잡기 위해 달리는 행위가 자주적 국가라는 거대담론을 환기하고, 국가 공권력에 대한 저항이라면, 〈옥자〉의 달리기는 폭주하는 자본주의에 대한 저항으로 읽힌다. 서울 시내를 뛰어다니며 사람을 기겁하게 하는 옥자의 모습은 그 자체로 자본주의가 만들어낸 돌연변이의 위협이며, 이 위험을 순화시키는 방법은 자연으로 돌아가는 것이리라. 더불어 미자가 옥자를 구출하는 방법이 황금돼지와의 교환이라는 점에서 영화는 그 누구도 마지막까지 돈으로 교환되는 자본주의 시스템 안에서 벗어날 수 없음을 보여준다.

미자가 옥자를 무사히 강원도로 데려왔으므로 영화는 미자의 승리처럼 보인다. 그러나 그 수많은 돌연변이 돼지들을 그대로 미란도에 놓아두고 우연히 행운을 얻은 새끼돼지 한 마리 구원했다고 해서 세상은 달라지지 않을 것임을 안다. 다시 산골로 돌아와 미자, 옥자, 어린 돼지는 행복하게 뛰어다니지만 이들의 행복은 세상이 구원될 수 있다는 희망이 아니라 고립을 유지한 채 세상 밖으로 나서지 않음으로써 안정을 느끼는 불완전한 행복이다. 그것이 포악한 이들이 장악한 어지러운 세상의 대안은 될 수 없을 것이다.

〈기생충〉에서 달리기는 영화 중반에 등장한다. 박 사장네 부부가 아들의 캠핑을 떠난 빈 집에 기택네 가족이 집주인인 양 여유를 즐기며 술판을 벌이다가 문광 부부와 싸우는 에피소드가 있은 후, 박 사장 부부가 외박하지 않고 다시 집으로 돌아오게 되자 기택은 기우, 기정과 함께 잽싸게 저택에서 빠져나와 자신이 사는 낮은 곳에 위치한 집을 향하여 달아난다. 폭우가 쏟아지는 밤에 세 사람은 높은 곳에 위치한 저택에서 나와서 터널을 지나고, 내리막 계단을 달려 집으로 간다.

기택 가족은 큰 잘못을 저질렀다. 각자 재주들이 많고 화목한 가정이지만 운이 없어서이거나 실력이 부족해서이거나 이들은 반지하에 사는 하층민으로 추락하였다. 이들이 생계를 꾸릴 수 있는 손쉬운 방법은 박 사장 부부를 속이고 온 가족이 이 집안에 들어와 사는 것이었다. 기우가 박 사장의 딸과 결혼하여 사돈을 맺겠다는 허무맹랑한 꿈이 유일하게 가난에서 탈출할 수 있는 방법일지도 모른다. 아무리 노력해도 위로 올라갈 수 없는 현실에서 집주인이 없을 때에만 본래 가족의 모습을 회복할 수 있는 기택 가족은 몰래 주인 행세를 하다가 박 사장네를 피해 달아난다. 이들의 달리기는 다시 원점으로 재빨리 돌아갈 수밖에 없는 잔인한 현실을 암시한다. 폭우 속에서 달리던 중 어느 계단 위에 멈춰선 기우가 종아리를 때리며 흘러내리는 빗물을 물끄러미 바라보는 장면은 이들의 추락에 대한 복선이다.

영화 후반에 박 사장 아들 다송의 생일날 난장판이 벌어지고, 딸 기정과 문광의 남편 근세의 죽음에도 불구하고 냄새에 코를 막는 박 사장을 보고 분노가 인 기택이 우발적으로 박 사장을 살해하고 달아난다. 그는 이내 자신이 가야 할 곳은 딱 한 군데밖에 없다는 것을 깨닫고 뛰어서 박 사장네 벙커로 숨어들어간다.

영화는 지금 이 시대 전 지구적인 양극화를 주제로 하고 있고, 이점 때문에 매우 한국적인 정서와 캐릭터 및 상황임에도 세계 영화 관객들은 보편적인 주제의식에 깊이 공감하였다. 기택 가족은 반지하의 삶에서 벗어나기 위해 기발한 방법을 생각해냈고 이들의 수직상승은 가능했다. 운전기사, 가정부, 가정교사로 부잣집에 출입하면서 이 가족은 고급저택에서 가끔씩 여유를 부릴 기회를 노릴 수도 있다. 그러나 잠시 잊었던 자신의 곤궁한 처지는 금세 되돌아오고 이들은 부리나케 다시 자신의 위치로 돌아간다. 하지만 원위치로 돌아가는 것이 아니라 더 깊숙이 더 빠르게 추락하고 만다. 뛰면 뛸수록 위로 올라가는 것이 아니라 아래로 급전직하하는 무시무시한 자본주의 양극화 세계에서 아무리 꿈을 꿔본들 밑바닥 처지에서 벗어나기는 힘들 것이다.

근세가 벙커에서 정주하여 영원히 살고자 했던 것처럼 기택 역시 이제는 달리지 않고 벙커에 머무르게 될 것이다. 어떤 일이 일어날지 잠시도 쉬지 않고 긴장하게 하여 영화적 재미를 만끽하게 하는 〈기생충〉의 마지막이 주는 허망함과 쓸쓸함은 이 가족의 질주가 결국 더 못한 결과를 낳았다는 점이다. 겉으로는 평화가 왔고 세상은 안정을 되찾았지만 아무것도 얻지 못한 고군분투는 봉준호 영화의 지속된 주제의식과 맞닿아 있다. 실패가 예정된 희망 없는 현실을 이렇듯 다이내믹한 영화적 언어로 표현하다니, 그는 역시 아이러니의 대가다.

봉준호의 달리기란 시대에 대한 알레고리로서의 맥거핀이다.
인물들은 내내 뛰어다니고, 필사적으로 어떤 대상을 찾아 추적극을 벌인다.

역사 속에서 이들은 정확한 방향을 모른 채 그저 달리고,
달리고 난 후 뒤돌아 본 세상은 무기력하며, 과오는 또 다시 반복된다.

섹스

11

이
현
경

봉준호
영화에서

섹스는

'누가'
하는가?

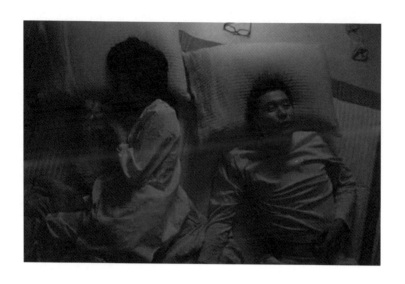

'포르트-다(fort-da)' 게임과 봉준호 영화 속 섹스

봉준호 감독 영화를 생각하면서 강렬한 섹스신을 떠올리는 관객은 별로 없을 것 같다. 봉준호 영화에 섹스신은 자주 등장하지 않는다. 비슷한 연배의 박찬욱 감독 영화와 비교해 보면 그 차이를 쉽게 확인할 수 있다. 박찬욱 감독의 〈박쥐〉, 〈아가씨〉에 자주 등장하는 농도 짙은 섹스신같은 게 봉준호 영화에는 없다. 봉준호 감독의 최근작 〈기생충〉에는 예외적으로 관능적인 섹스 장면이 등장했다. 노출이 심한 것도 아닌데 관객들은 그 장면이 매우 자극적이었다고 술회한다. 박 사장 부부가 마당에 텐트를 치고 인디언 놀이를 하는 아들을 지켜보기 위해 거실 소파에서 잠을 자는 장면이다. 잠옷 차림으로 잠을 청하는 박 사장 부부는 옷 위로 서로 애무하면서 성행위를 시작한다. 사실 이 둘은 모르고 있지만 이들의 섹스에는 구경꾼인—정확히는 소리를 엿듣게 되는—기택네 가족 네 사람이 있다. 마당에는 어린 아들이 있고, 거실 탁자 아래에는 의도치 않게 성행위를 엿들어야 하는 타인들이 있는 상황 자체가 아슬아슬하고 자극적인 것이다. 아내는 가슴을 애무하는 남편에게 시계방향으로 돌려달라고 주문하고, 남편은 성기의 뿌리 쪽을 잡아달라고 말한다. 옷 아래로 손을 넣고 있어서 신체 노출이 없음에도 대사의 구체성으로 인해 수위가 높게 느껴진다.

봉준호 감독 영화에서 섹스는 계층적인 차이를 보여주는 핵심적인 요소 중 하나다. 〈설국열차〉는 이런 주제를 가장 명확하게 드러냈다. 빙하기를 맞은 지구에서 소수의 인류만이 열차에서 살아가는데 이 공간에는 모든 개체의 숫자가 철저하게 조절된다. 먹는 것도 사람도 늘 일정한 숫자로 균형을 맞춰야 한다. 열차 앞 칸에서는 퇴폐적인 클럽과 밀실이 존재하고 성적으로도 분방하게 살아간다는 걸 짐작할 수 있다. 영화에서 구체적으로 설명하지는 않았지만 꼬리 칸에서는 편안하고 일상적인 섹스가 허용되지 않는다는 걸 알 수 있다. 하지만 아이가 있는 것으로 보아 꼬리 칸에서도 섹스는 행해지고 있다고 봐야 한다. 서사 전개에 굳이 필요하지 않아서라고 생각할 수 있겠지만, 열차가 세상의 축도이며 모든 개체 수가 통제되는 상황에서 산아제한에 대한 언급은 전혀 없다는 게 이상하다. 꼬리 칸에서 우연히 아이가 태어나면 열차의 엔진을 돌리는 인력으로 충당하지만, 앞쪽 칸에서 임신과 출산은 아마도 철저한 통제 시스템 속에서 행해지고 있는 것으로 보인다.

삶에서 섹스가 생존의 근원이고 살아가는 중요한 행위라는 점을 봉준호 영화는 인식하고 있다. 그러나 마치 '포르트-다' 게임처럼 섹스라는 관념과 행위는 불쑥 나타났다가 시치미를 뚝 떼고 사라지곤 한다. 포르트-다 게임에서 실패 꾸러미가 눈앞에 보이지 않을 때도 여전히 그것은 존재하듯 봉준호 영화에서 섹스가 구체적으로 언급되거나 화면으로 표현되지 않을 때도 섹스의 무게감은 줄어들지 않을 뿐만 아니라 오히려 수면 아래서 부글부글 끓고 있는 폭발물처럼 느껴진다. 평범한 모습으로는 등장하지 않는 봉준호 영화 속 섹스가 어떻게 "있다? 없다?" 게임을 벌이는지 살펴보면 그가 바라보는 세상의 한 조각이 밝혀질 듯하다.

섹스, 있다?

〈기생충〉에서 성행위는 박 사장네 집에서만 벌어지는 것처럼 보인다. 연교와 동익의 섹스신은 가시적으로 제시되었고, 연교와 이전 가정교사의 성행위는 암시되어 있다. 기우에게 가정교사 자리를 제안하는 민혁은 연교에 대해 "영 앤 심플"하다고 설명하면서 "난 좋았어."라는 말을 두 번 되풀이한다. 연교도 기우에게 민혁에 대해 "난 좋았어."라는 말을 두 번 되풀이한다. 말을 하는 표정이나 태도로 보아 학부모나 가정교사로서 만족스러웠다는 것 이상을 표현하는 것으로 보인다. 연교의 딸 다혜도 미성년 고등학생이지만 기우에게 대담하게 꼬리를 치는 행동을 한다. 기정은 박 사장네 운전기사를 내쫓기 위해 일부러 차 뒷좌석에 팬티를 벗어놓고 내리고, 연교와 동익은 운전기사가 자신의 차 안에서 섹스를 했을 것이라고 단정한다. 더 나아가 약을 한 게 아니냐는 의심까지 하는데 여기서 연교와 동익은 은밀한 눈빛을 교환한다. 이는 이 둘이 과거 마약을 함께 한 전력이 있다는 걸 암시한다. 이 암시가 구체적인 정황으로 드러나는 건 소파에서 섹스를 하면서 연교가 거듭 "마약 사줘."라고 외치는 장면이다.

박 사장네와 달리 지하 셋방에서 사는 기택네 가족에서는 성적인 기미가 느껴지지 않는다. 기택 부부는 러닝셔츠와 팬티 차림으로 스스럼없이 노출을 하고 서로를 발로 툭툭 치지만 단추까지 다 채운 잠옷으로 온 몸을 감싼 박 사장 부부의 베드씬과 비교해 에로틱한 느낌이 전혀 들지 않는다. 그런데 이건 사랑하고는 다른 문제로 보인다. 기택이 박 사장에게 "사모님 사랑하시죠?"라고 물었을 때, 박 사장 얼굴에는 황당하다는 표정이 역력하다. 지극히 사적인 것을 물어보는 데 기분이 상한 것이 일차적인 이유겠지만, 짐작컨대 박 사장 부부가 생각하는 사랑과 기택이 생각하는 사랑은 성격이 다를 것이다. 박 사장 부부는 서로 조건이 걸맞은 집안에서 성장한 사람들끼리 만나서 젊은 시절에는 마약을 함께 한 비밀도 공유하고 현재는 겉보기에 흠잡을 데 없는 결혼생활을 유지하고 있다. 이들에게 사랑이란 삶의 조건을 충족시켜주는 존재끼리 정신적, 육체적, 경제적 공동체를 이루는 행위 자체일 것이다. 이에 반해 기택은 고전적인 사랑 개념을 가지고 있는 것처럼 보인다. 삶의 고난—거듭된 사업 실패—에 비록 사랑의 감정이 쪼그라들어서 서로 지긋지긋할 지경에 이르렀지만 그에게는 여전히 사랑이라는 관념적인 이상이 있다. 늘 개인 운전사가 운전하는 승용차를 이용하는 박 사장과 지하철 냄새가 배어 있는 기택의 세계는 매우 멀리 떨어져 있다.

봉준호 영화에서 섹스가 가장 많이 언급되는 영화라면 〈살인의 추억〉과 〈마더〉를 들 수 있다. 최근 진범이 잡힌 '화성 연쇄살인사건'을 소재로 한 〈살인의 추억〉은 여성들을 강간하고 살해, 유기한 살인범을 잡는 두 형사의 이야기이다. 직감 수사를 하는 토박이 형사와 과학수사를 추구하는 서울에서 전근 온 형사의 판이한 수사법이 묘하게 크로스 되는 순간이 영화의 절정이다. 직감이고 과학이고 간에 범인을 잡고 싶다는 열망이 최대치에 다다를 때 둘은 비슷해진다. 강간 살인범을 쫓는 내용이다 보니 성적인 대사가 넘쳐난다. 시체 검안 의사, 구사일생 살아온 여성, 유일한 목격자는 성적인 내용을 진술한다. 사건을 재구성해보는 플래시백은 있지만 범인의 성행위를 구체적으로 보여주는 장면은 없다. 대신 토박이 형사 박두만이 애인인 간호사 설영과 여관방에서 섹스를 하는 장면이 등장한다. 오래 함께 산 부부처럼 성행위와 일상적인 대화가 뒤섞인 그들의 모습은 범인의 변태적인 섹스와 대조를 이룬다.

봉준호 영화에서 섹스가 전면에 화두로 등장하는 유일한 영화는 〈마더〉다. 도준이 저지르는 살인의 근원에는 섹스가 있다. 도준은 유치장 신세를 지고 나온 날 혜자가 해 준 닭백숙을 먹고 진태를 만나러 동네 술집에 간다. 혜자가 닭백숙이 정력에 좋다고 하자 심드렁하던 도준은 갑자기 닭다리를 열정적으로 뜯는다. 혜자가 "우리 아들 정력 어따 쓰게?"라고 농담조로 말하자 도준은 "여자"라고 명확하게 대답한다. 아들의 말에 "썼단 봐라."라고 쐐기를 박는 엄마의 태도가 묘하게 느껴진다. 다 큰 아들의 성적인 부분을 통제하는 모습이 그로테스크하다. 진태를 만나지 못하고 혼자 집으로 오던 도준은 골목에서 아영과 우연히 마주친다. 도준은 자신을 치한 취급하는 아영에게 "넌 남자가 싫니?"라고 해서는 안 될 말을 한다. 가난 때문에 원조교제를 하는 아영에게 그 말은 비수처럼 꽂혔고 도준에게 돌멩이를 던지며 "바보야"라고 대꾸한다. 이 말은 다시 도준을 자극하고 결국 도준은 아영에게 돌덩어리를 던지고 만다. 이 둘이 나눈 짧은 대화가 우발적인 살인을 불러온 것이다. 성욕이 들끓는 도준과 성을 팔아 생계를 유지하는 아영이 나눈 대화는 악순환의 결과를 불러왔다. 이날 도준은 새벽에 집으로 들어가 엄마 방으로 가서 엄마 옆자리에 눕는다.

〈마더〉에서 섹스는 도준과 아영을 둘러싼 소문으로 계속 들려온다. 도준에게는 '엄마와 잔다'는, 아영에게는 '쌀을 주면 자준다'는 소문이 따라다닌다. 도준이 포르트-다 게임에서 안 보이는 부분에 해당한다면, 아영은 보이는 부분을 나타낸다. 그러나 안 보일 때도 실패 꾸러

미는 존재하듯 도준과 혜자의 관계는 사실 여부와 상관없이 〈마더〉
의 서사를 추동하는 가장 강렬하고 근원적인 에너지를 제공한다.

섹스, 없다?

〈플란다스의 개〉, 〈괴물〉, 〈설국열차〉, 〈옥자〉, 이 네 편의 영화에
는 섹스 장면이 등장하지 않는다. 기이하게도 〈옥자〉에서 사람이 아
니라 유전자 조작 돼지인 옥자가 강제 교배를 하는 장면이 잠시 등장
한다. 직접적인 섹스 장면은 나오지 않지만 이 영화들에는 섹스의 결
과, 혹은 상징이 등장한다. 〈플란다스의 개〉와 〈설국열차〉에는 임신
한 여성 인물이 있다. 〈플란다스의 개〉에서 은실은 남편인 윤주의 아
이를 임신하고 있지만 〈설국열차〉에서 임신한 유치원 선생님은 누구
의 아이를 가진 것인지 알 수 없다. 비단 그 선생님뿐 아니라 〈설국열
차〉에는 부부나 연인인 커플이 나오지 않는다. 열차 칸 중에 난잡해
보이는 클럽이나 마약 소굴도 있었지만 부부를 위한 공간 같은 것은
보이지 않는다. 열차 안에서 어떻게 커플이 맺어지고 어디서 섹스를
하는지 영화에는 드러나지 않는다.

　〈괴물〉에서 괴물은 미군기지에서 버린 독극물로 탄생한 돌연변이
로 설정된다. 괴물의 성별은 알 수 없지만 괴물은 바바라 크리드의
여성 괴물 이미지와 상당히 근접하다. 한강변에 있는 다수의 인물들
을 무작위로 집어 삼킨 괴물은 일단 배 속에 넣어둔 다음 자신의 은신
처로 가서 입으로 뱉어낸다. 괴물의 입은 소화와 배설을 동시에 하는
기관으로 보인다. 사람들을 삼키고 소화시킨 후 부속물 뼈도 입으로
뱉어낸다.

　이런 과정 속에 괴물의 입에서는 불쾌한 액체도 흘러나온다. 여성
괴물이 끈적끈적한 액체로 뒤덮인 출산의 이미지를 상징적으로 갖고

있는 존재라는 걸 상기하면, 〈괴물〉의 괴물은 자궁과도 같은 자신의 안식처에 먹이를 저장하고 토사물을 뱉어낸다. 여성 괴물의 그로테스크한 이미지의 절정은 여성의 질에 대한 공포와 경외였다. 〈괴물〉의 괴물은 여성 괴물 상징과 너무도 닮아 있다. 괴물은 입인지 항문이지 모를 하나의 입구로 먹고 토하고 그 과정 속에서 끈적끈적한 혐오스런 토사물을 함께 내뱉는다.

〈옥자〉에서는 특이하게 사람은 섹스와 거리가 멀고 동물에게 섹스의 이미지가 투영된다. 강원도 청정지역에서 세속과 떨어져 사는 미자는 성이라는 것을 알지도 못하는 것 같다. 미자는 미국까지 가서 옥자를 구해서 다시 산 속으로 돌아온다. 이번에는 옥자뿐 아니라 새끼 돼지 한 마리도 함께 구해온다. 영화는 첩첩산중에서 할아버지와 소녀가 돼지들과 함께 평화롭게 살아간다는 결말로 막을 내린다. 소녀는 곧 이차성징을 맞게 될 테지만 산 속에는 그녀에게 성적 지식을 알려 줄 존재가 없다. 영화의 결말은 미자를 천진무구한 소녀로 박제해버리는 느낌이 들기도 한다. 할아버지는 오래지 않아 세상을 뜨게 될 테고 세상의 법칙을 모르는 미자가 돼지들과 홀로 살아갈 수 있을지 의문이다.

있거나, 없거나

　봉준호 감독은 섹스 혹은 섹스신을 평범하게 다루지 않는다. 위에서 살펴보았듯이 봉준호 영화에서 섹스는 중요한 요소임에도 불구하고 대체로 은밀하게 취급되고 있다. 아름답게 찍은 섹스신은 하나도 없다. 〈살인의 추억〉, 〈마더〉, 〈기생충〉에서 확인할 수 있는 바, 봉준호 영화에서 섹스는 폭력이나 범죄와 연결되는 위험한 것이거나 관음의 대상으로 그려진다. 이는 엄마, 모성에 대한 독특한 시각과 연결이 되어 있다고 생각된다. 엄마에 대한 복잡한 감정은 자신의 탄생 근원인 섹스라는 행위 역시 착잡한 시선으로 보게 하는 것 아닐까?

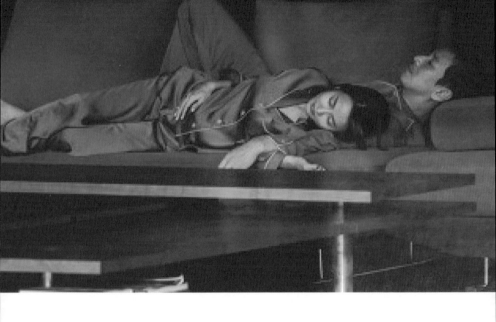

봉준호 영화에서 섹스는 중요한 요소임에도 불구하고 대체로 은밀하게 취급되고 있다.

아름답게 찍은 섹스신은 하나도 없다.

바보짓

12

바보라야

세상이
보인다

정민아

　1970년대 〈바보들의 행진〉(하길종)과 1980년대 〈바보선언〉(이장호)은 한국사회에서 사는 이들을 바보라고 선언했다. 이 바보들은 정치적으로 억압적인 한국사회에서 할 수 있는 게 없었다. 70년대, 80년대 바보들의 영화는 이러한 무력감에 대한 젊은 감독들의 선언이었다. 봉준호는 21세기 한국영화에서 이 바보들을 가장 잘 계승하는 감독일 것이다.

　〈플란다스의 개〉에서 현남을 쫓는 부랑자 최씨. 〈살인의 추억〉에서 범인으로 오인된 백광호, 〈괴물〉의 무능한 아버지 박강두, 〈마더〉의 어수룩한 마마보이 도준과 범인으로 지목된 지적장애인 종팔,

〈설국열차〉에서 아이를 빼앗기고 팔이 잘려버리는 앤드류, 〈기생충〉의 지하인간 근세. 봉준호 영화에서 모자란 아들은 한 부모 아래서 자라면서 신체적, 심리적 외상을 입은 상태다(〈살인의 추억〉, 〈괴물〉, 〈마더〉). 또는 세상에서 제대로 살아갈 능력을 잃고 스스로 고립된 삶을 선택한다(〈플란다스의 개〉, 〈기생충〉). 이들은 소통이 되지 않고 혼자 중얼거리다가 오해를 사곤 한다. 말로 자신을 설명하지 못하므로 결국은 오해로 인해 엄청난 사건에 휘말린다.

이들의 엉뚱한 행위는 영화에서 때로는 웃음 포인트가 되는데, 그러나 그 웃음 뒤에는 서늘한 현실에 대한 자각이 놓인다. 이것이 봉

준호식 블랙코미디의 핵심이다. 봉준호는 간혹 바보를 주인공으로 내세운다. 이들은 핍박받는 자이며, 무시당하는 자이지만, 심오한 깨달음을 주거나 어지러운 세상을 구원한다. 죄를 뒤집어쓰고 순응할 때도 있다. 그렇기 때문에 봉준호 영화에서 바보는 쓰임새가 많다. 이 바보 남자들은 보통의 상식을 가지고 살아간다고 생각하는 우리의 양심을 찌르고 민낯을 바라보게 한다.

바보는 사회적 구조 안에서 박해당하는 희생양적 속성을 가지고 있다. 봉준호의 바보가 만들어내는 웃음은 단순한 코믹함이나 엉뚱함이 아니다. 깊숙이 캐릭터로 들어가서가 아니라 상황 속에서 발생하는 어긋남에서 생겨나는 웃음이기 때문에 봉준호 영화의 웃음은 지적인 성찰을 하게 만든다. 세상이 불안하고 그 불안을 견디기 힘들 때, 웃음은 효과적인 전략이다.

봉준호 영화에서 바보가 유발하는 웃음에는 불안이 있다. 장르 문법 안에서 알레고리 재현 방식으로 웃음을 유발하기 위해 그는 바보 캐릭터를 잘 활용한다. 이는 대중적 무의식을 다루는 효과적 방법이다. 바보로 인해 영화적 의미는 더 넓게 확장되고, 장르는 훨씬 더 일상과 밀접하게 다가온다.

저능함과 순수, 진실을 알고 있는 자

〈플란다스의 개〉의 부랑자 최씨는 현남을 추격하면서 긴장감을 만들어내는 빌런 캐릭터인 것처럼 영화에 등장한다. 그러나 그는 나쁜 사람이 아니었다. 현남을 쫓는 이유는 이웃 할머니가 유산으로 남긴 무말랭이를 전하려는 순수한 의도이다.

코믹함은 타이밍의 어긋남에서 발생하는데, 상황 판단이 특이한 최씨 캐릭터는 시간차로 인한 오인으로 발생하는 긴장감과 해소에서 나오는 웃음 전략을 끌어간다. 그는 윤주가 저지른 죄를 뒤집어쓰고 감옥에 들어갈 처지에 놓였지만 밥을 먹을 수 있다는 생각에 오히려 좋아한다. 최씨는 대학교수로 신분이 전환된 윤주의 대척점에 놓인 인물로써 세상의 편견이 선과 악의 구도를 어떻게 반대로 짜놓을 수 있는지 보여준다.

〈살인의 추억〉의 백광호는 순수하다. 오인된 용의자인 저능아가 목격자였다는 사실을 너무 늦게 안 형사들에게 사실을 말해야 하는 순간 광호는 "불에 데이면 얼마나 아픈지 알아?"라고 말한다. 광호에게 깨달음은 공포의 기억과 한데 겹쳐진다. 그는 말하기 전에 죽어버려서 그의 공포는 상상으로만 남는다. 불이 나서 붙어버린 손가락을 생생히 기억하는 광호는 사건을 목격했지만 자신을 방어하지 못하는 모자란 말솜씨 때문에 범인으로 오인받았다.

형사들은 초동수사에서 증거확보 미흡으로 중요한 목격자인 백광호를 오히려 범인으로 몰아세워서 고문했다. 백광호는 고문 후유증으로 형사만 보면 도망가다가 기차에 치여 죽는다. 그의 죽음은 사고이지만 사실은 폭력적인 국가공권력에 의한 죽음이다. 박두만 형사가 백광호의 피가 튄 두 손을 응시하는 장면은 위와 같은 배경을 상징적으로 나타낸다.

이 영화에서 바보 백광호가 가지는 의미는 핵심적이다. 백광호는 번갯불에 비친 범인의 얼굴을 확실히 봤다고 세 번이나 말했다. 유일한 목격자 백광호를 죽음에 이르게 한 무능한 형사 집단은 데모 진압에 몽땅 투입되어 치안에 공백이 생겨버린 국가의 무능함을 역사적으로 상기시킨다.

진실은 세상을 보이는 대로 말하는 바보가 알고 있다. 술집에서 형사들 옆 테이블에 앉아 있던 대학생들이 TV에 나오는 전두환 뉴스를 보고 한마디씩 하자 조용구 형사가 무차별적으로 발로 짓이기는 장면이 의미하는 것처럼, 민중은 보이는 것에 눈을 감고 들리는 것에 귀를 막아야 했다. 80년대 군사독재 시절 집단 기억에 남아 있는 것은 알아도 말하지 못하는 것이었다. 백광호가 체현하는 80년대 민중은 엉뚱하게 지목받고, 우연한 방식으로 벗어나고, 지속적으로 감시받고 쫓기는 모습이다.

〈마더〉의 도준은 어릴 적 동반자살하기 위해 엄마가 먹인 약 때문에 지능이 퇴화되었다. 그는 소녀를 우발적으로 죽음에 이르게 하는 범죄를 저질렀고, 본인은 알고 있지만 말하지 않는다. 가난으로 인해 농약을 먹어야 했고, 바보라는 말에 발끈하여 살인까지 저지른 그의 비극은 사회구조적인 가난 문제와 개인을 연결 짓게 하는 일이다.

도준은 스스로가 가해자에서 피해자로 인식이 전환되는데, 지능이 많이 퇴화되었지만 기억 속에 엄마가 자식에게 약을 먹인 죄는 또렷이 남아 있다. 도준은 미스터리한 존재다. 그는 알고 있는 자인가, 모르는 자인가. 그의 바보성은 결국 엄마의 책임으로 남는다. 그러자 소녀의 죽음에 엄마가 책임을 져야 한다는 문제로 연결되는 아이러니가 생겨난다.

　〈괴물〉의 아빠 박강두는 부성애가 몹시 강하다. 지능이 모자란 듯한 강두는 한 시민의 요청으로 제일 먼저 괴물이 들어간 컨테이너에 돌진할 정도로 순진하다. 도주 중에 그는 애지중지 하는 딸의 손을 놓쳐서 잃고 만다. 권력층이 괴물을 만들고 방기할 때, 그는 딸을 찾겠다는 일념 하나로 육체가 마취조차 되지 않는 초능력 상태에 빠진다. 그는 타인들과 커뮤니케이션이 잘 되지 않는다. "제발 내 말 좀 끊지 마. 내 말도 말인데, 왜 내 말을 안 들어줘?" 강두는 미군과 통역관에 의해 타자화되어서, 자신의 의사와는 무관하게 바이러스를 탐구하기 위한 실험 대상으로 전락하고, 그에게는 어떤 선택권도 없다.

딸은 아빠와 대조적으로 괴물에 잡혀 온 많은 인물들 중 유일한 브레인이자 희망이다(이러한 아빠와 딸 구도는 〈기생충〉에서도 이어진다). 그러나 너무 늦게 도착한 아버지는 딸을 구할 수 없다. 무모하게도 직접 괴물을 상대하겠다는 행동을 벌이는 아버지는 괴물의 뱃속에 딸이 들어가 있어 괴물을 살려야만 딸을 살릴 수 있는 아이러니에 빠진다. 막대기로 세 번째 만에 괴물을 공격하는 데 성공하지만 딸은 죽고, 대신 함께 있던 거지 소년을 들쳐 업고 집으로 돌아간다.

마취제가 통하지 않는 야생적 신체의 강두처럼 다른 가족 구성원도 모두 결여투성이이다. 할아버지는 기력이 쇠잔하고, 운동권 출신 외삼촌은 직업이 없이 말만 번드르르하며, 양궁선수 고모는 중요한 무대에서는 떨어서 일을 그르치는 문제들을 가지고 있다. 이 결여투성이 인간들이 오직 소녀를 구해야 한다는 욕망으로 뭉친다.

괴물은 죽고, 딸도 이미 죽었고, 괴물을 낳은 실재는 조금도 손상되지 않은 채 모든 것이 봉합되고 그대로 돌아간다. 이러한 시스템은 또 다른 괴물을 낳을 것이다. 괴물은 승리할 수밖에 없다. 거대 시스템과 탐욕스러운 욕망의 은유로서의 괴물을 맞상대한 유일한 자가 바보 강두다. 어른임에도 무시당하고 핍박당해왔던 그는 위기의 순간에 진실을 본다. 낮에도 잠을 자는 한심한 강두가 괴물이 달려오는 것을 처음으로 본 인간이다. 한강 둔치에 수많은 사람들이 모여 있지만 강두는 가장 처음으로 괴물을 알아차렸다. 강두는 누구보다 먼저 보는 인간으로, 마지막까지도 얼어붙은 강물을 본다. 국가는 보이지 않는 바이러스를 쫓는다고 시간을 낭비할 때, 탐욕과 착취적인 거대 시스템과는 무관한 바보의 눈에만 한강의 괴물이 보이고, 강두도 그걸 알고 있는 것 같다.

영화는 불안정한 가족애에서 출발해 노숙자, 하층민의 빈민 전선, 루저들의 연대로 나아간다. 영화 초반에는 졸고 있지만 마지막에는 보고 있는 자, 괴물을 발견한 자, 괴물의 최후를 만든 자가 바보이고, 그는 어쩌면 구원할 수 없는 세상의 희미한 빛줄기일 것이다.

계획이 없는 바보로 사는 게 편한 세상

〈기생충〉에서 지하 벙커에 사는 지하남 근세는 4년이 넘게 지하실에서 생활하는 자이다. 근세의 등장 이전까지 기택 가족의 계획은 가진 자를 속이고 그 기회를 틈타 그들의 자리에서 몰래 부자처럼 즐겨보는 것이다. 그런데 자신들과 같은 처지의 사람을 만나면서 저택에 숨어들어 부자 흉내를 낼 수 있는 권한을 놓고 한바탕 목숨을 건 전투를 벌인다. 진짜 상류층이 되는 게 아니라 숨어들어 간혹 기회를 노려 부자 흉내를 내보는 권한 때문에 싸운다는 게 얼마나 한심한 일인가. 그렇지만 기택 가족이나 문광 가족이나 반지하에 쭉 눌러사느니 바퀴벌레처럼 숨어 있어도 가끔 지상으로 올라와 부자의 향취를 맡는 것을 선택한다.

러닝타임이 정확히 반이 경과한 시점에서 근세가 등장하고 이 순간은 블랙코미디에서 완벽하게 스릴러로 장르적 전환이 이루어진다. 4년 넘게 사회생활과 유리된 채 살아온 근세는 바보가 되었다. 오래 굶은 그는 젖병에 담긴 우유를 먹는다. 그가 완벽히 퇴화되었다는 것을

보여준다(이 장면은 김기영 감독의 〈육식동물〉의 패러디이다). 그는 생각하지 않고, 말하지 않고, 행동하지 않는다. 그는 지하 벙커에 자신만의 세계를 만들어서 안전하게 생활하면서 오히려 그 생활을 즐긴다. 가끔 나와서 와인 한 잔에 음악을 듣고, 햇살을 받으며 춤을 춘다.

다른 인물들과 달리 지하에서 오랜 시간을 산 근세는 어떤 선택과 행동을 할지 종잡을 수가 없다. 근세는 영화가 호러 장르로 색을 변모시켜 나가는 데 유효하다. 박 사장의 아들 다송이 집안에서 귀신을 보고 혼이 나간다는 설정에서 벙커 계단을 올라서는 무섭고 기이한 이미지의 근세의 쇼트는 박 사장이 저택 2층 계단으로 올라서는 쇼트와 대구를 이룬다.

근세라는 캐릭터의 존재만으로도 영화는 서사적으로 긴장감을 팽팽하게 유지시키며 시선을 사로잡는다. 그의 지하실 서재 미장센은 캐릭터를 그대로 보여준다. 책꽂이에는 각종 자격증 수험서가 있고, 한쪽에는 중단된 고시공부 흔적도 있으며, 벽에는 양복이 걸려 있다. 사채업자에게 쫓겼을 것으로 추정되는 빈곤한 남자와 그의 책상에는 4년의 삶이 녹아들어가 있다.

주는 대로 먹고, 박 사장을 존경하고, 틈틈이 나와서 아무도 모르는 사이에 햇살을 받는 생활이 익숙해지며 생각하지 않는 바보가 되어

버린 근세는 이 생활이 만족스럽다. 기택이 근세를 향해 "이런 데서 살아지나? 당신 계획도 없지?"라고 묻는다. 사업 실패로 빚쟁이에게 쫓겨 겨우 생존의 터를 마련한 근세는 이렇게 말한다. "난 여기가 편해. 여기서 태어난 것 같기도 하고. 나 여기서 계속 살게 해주쇼."

계획은 있었지만, 계획을 포기할 수밖에 없는 상황에 몰려 벼랑 끝 삶을 살아야 하는 그가 선택한 건 "박 사장, 리스펙트!"뿐이다. 기택의 자각이 시작된 건 이때 즈음이었을지 모른다. 아무리 애를 써도 더 오를 수 없는 상황에 이르렀을 때, 계획은 순응과 포기, 혹은 기생보다 더 가치 없다는 사실을.

근세의 난동은 무계획의 편안한 삶을 중단시킨 자들을 향한 경고와 복수다. 그가 마지막으로 "박 사장, 리스펙트!"를 외치는 한 마디는 가난한 자들의 무기력과 순응을 함축한다. 이제 그 자리에 기택이 들어설 차례다. 계획을 가지고 부자의 저택에 침입했던 자가 무계획의 삶을 살게 되는 역설로 인해 영화는 보다 다양한 해석의 가능성으로 확장된다.

영화는 '기생충의 삶'을 사는 이들이 자기 주체적 계획을 통해 스스로를 변화시킬 수 있다는 생각 자체를 냉소적이고 비극적으로 그린다. 현실에선 자신의 삶을 계획하고 디자인할 수 있는 부류는 부자들 뿐이다. 자기계발서 식의 책들이 '더 많은 돈을 벌 수 있다'고 유혹하는 것처럼, 가난한 자들의 계획은 의미가 없는 정신승리이다. 그런 판타지적 현실을 날카롭게 비판하는 바보 캐릭터의 위치가 깨달음을 주며 가슴을 서늘하게 한다.

봉준호 영화에서 바보들은 현실을 똑바로 보는 인물이며, 남의 죄를 뒤집어쓰기도 한다. 〈괴물〉의 강두, 〈마더〉의 도준, 〈기생충〉의 근세는 바보에 의해 현실이 더 정확하게 직시됨을 보여주는 캐릭터이다. 보통사람들은 보지 못하는 진실을 이들은 보지만, 세상은 그들의 말을 듣지 않고, 이들 또한 다른 사람들과 소통하는 재주가 없다. 진실은 말해지지 않고, 사람들은 진실이 바로 곁에 있지만 들으려하지 않는다.

〈플란다스의 개〉의 최씨와 〈마더〉의 종팔은 남의 죄를 뒤집어썼다. 세상은 모자란 이들의 억울함을 아랑곳하지 않고, 이들 또한 달라질 것이 없기에 순응한다. 봉준호의 바보들은 세상이 그들에게서 기억을 빼앗아가려 하지만, 잃어버린 기억은 흔적으로 남아 되돌아온다는 것을 보여준다. 얽히고설킨 현실의 부조리함은 봉준호 영화에서 바보들의 활약으로 인해 더 뼈아프게 다가온다.

부록

01

〈마더〉

봉준호 감독 인터뷰

〈마더〉 개봉 당시인 2009년에 온라인 영화 커뮤니티 '익스트림무비' 주최로 긴 인터뷰를 진행했다. 봉준호 감독의 풍부한 해설로 관객이 몰랐던 부분까지 해소할 수 있는 인터뷰이다.

일자: 2009년 6월 15일, 서울 방배동 모 카페

인터뷰어: 김종철(익스트림무비 편집장), 류상욱(영화평론가), 이용철

관객평이 많이 갈린다. 사실 〈괴물〉과 연결되는 영화도 아니고 똑같은 작품을 기대할 상황이 아닌데도 〈괴물〉의 인상이 워낙 컸던 것 같다.

불편하게 받아들인 모양이다. 불편한 스토리와 불편한 주제를 나는 명확하게 전달하려고 했다. 영화 자체가 난해하다기 보다는 스토리에 불편한 요소가 있는데 그것을 받아들이기 힘들었던 것 같다. '인생이란 복잡하고 씁쓸하구나' 하고 영화를 보고 난 뒤 소주 한 잔 마시면 되는 건데 그건 어른의 관점이고, 팝콘을 먹으면서 보는 사람 입장에서는 팝콘 맛이 떨어지는 영화였을 거다. 팝콘 취향인 사람들에겐 영화가 무겁고 또 '우리 어머니께 보여드리고 싶지 않다'하는 반응도 있더라.

공격받는 느낌일 수도 있다. 그만큼 보는 사람을 공격 내지 심란하게 만들었다. 마음을 뒤흔들었다는 점에서 애초의 내 의도는 성공했다고 자위한다. 사실 편안한 결말은 아니지 않나. 〈괴물〉과 비교해도 어두운 편이고, 〈괴물〉도 딸이 죽긴 하지만 대신

혈육이 아닌 애가 살아남아서 함께 밥을 먹으면서 끝나는데, 이 영화는 반대로 자기 아들은 구해냈지만 자기 아들보다 더 약자인 애는 감옥에 놔둔 채로 끝나지 않나. 도덕적인 딜레마가 있고 심란해지는 게 당연하다.

영화를 보면서 서늘한 느낌을 많이 받았다. 〈괴물〉 이후 봉 감독이 세상을 보는 관점의 변화가 있었는지?

〈마더〉의 스토리와 결말은 2004년부터 생각했던 거다. 마지막 30분의 내용이나 결말, 엄마가 처하는 운명은 그때부터 구상했던 걸 그대로 찍은 거다. 〈괴물〉을 찍고 준비하면서 변화가 생긴 건 아니다. 강렬하고 비극적인 스토리를 쓰고 싶은 충동이 강했다. 그 스토리 속에 김혜자 선생님이 복판에 서있는 느낌이 영화의 출발점이었다. 그래서 〈마더〉를 범죄 드라마나 스릴러 장르로만 본다면 오히려 덜 불편하게 볼 수도 있을 것 같다.

하지만 워낙 김혜자 선생님의 (국민 어머니로서의) 상징성이 강하기 때문에 자신의 엄마 같은 사람이 그런 운명에 처하니까 좋게 말하면 충격이고, 나쁘게 말하면 불편함이 된 것 같다. 예를 들어 〈세븐〉의 결말에서 기네스 펠트로의 목이 잘려서 상자로 배달돼 와도 불편하게 느끼진 않는다. 엄청나게 충격을 받을지라도 우리 주변을 둘러보면서 고통과 불편함을 느끼는 건 아니다. 잔인함은 10배 100배 더 하겠지만. 〈마더〉에선 장르 영화적인 충격보다도 '우리 엄마가 저런 상황에 처하면 어떨까?' 하는 식의 불편함이 있다. 그런데 정작 아주머니들은 보시면서 십중팔구 '나라도 저랬을 것 같다'는 식으로 본인 입장으로 투사해버리니까 오히려 불편해하지 않더라. 의외로 딜레마가 없으시더라.

특히 종팔이 앞에서 엄마가 우는 장면은 장면 자체가 슬프긴 하지만 그걸 냉정하게 살펴보면 엄마가 울면서도 진실은 안 밝히지 않나. 그런 게 섬뜩하고 나쁘게 보일 수도 있다. 보는 사람의 온도에 따라서 볼 때마다 차이가 나는 것 같다. 나도 편집하면서 거기서 울컥 할 때도 있고 싸늘해질 때도 있고 그랬다. 원래는 그 장면에서 음악을 삽입시키려 했었다.

이병우 감독님이 만든 구슬픈 기타 음악이 있는데 최종 믹싱에서 그 음악을 뺐다. 음악이 너무 감정을 좌우하는 것 같았다. 음악이 없어도 김혜자 선생님의 눈물 연기가 워낙 슬프고 또 그 자체로 음악 같아서 충분했던 것 같다. 그리고 음악이 없는 편이 종팔이에 대한 마지막 예의가 아닌가 싶었다. 극중 혜자는 그 바로 다음 장면에서 도준이가 석방될 때 마중을 안 나간다. 혜자는 그것으로 종팔이에 대한 최소한의 예의를 보여준 것이다. 종팔이를 감옥에 두고 차마 마중을 나갈 순 없는 거다.

봉 감독의 영화를 보면 힘없는 개인들이 공권력에 의지하지 않고 스스로 일을 해결하려고 하지 않나. 어떻게 보면 권력자들 입장에서 가장 위험시할 영화가 아닌가 싶기도 하다. 그런 부분을 봉 감독 영화의 정치성으로 해석해도 되겠나?

공권력에 대한 직설적이고 본격적인 풍자는 〈괴물〉에서 많이 보여주려고 했고. 〈살인의 추억〉은 국가나 공권력 내에서 살아 움직이는 개인들에 대한 나의 입장이 약간 분열적으로 나타났다고 할까. '이 사람들도 당대의 어둠과 피로 속에서 쩌들어 있다. 그들을 동정할 순 없지만 최소한의 연민은 할 수 있다'는 식으로 말이다. 김뢰하가 다리를 잘리는 장면도 처음 시나리오 쓸 때보다 촬영할 때는 좀 더 동정적으로 연출하게 됐다.

돈이나 힘이나 빽이 없을수록 공권력의 통제를 당하는 입장이 되고 그 반대의 경우일수록 공권력의 혜택을 보게 된다고 생각한다. 〈마더〉에서는 그걸 풍자하거나 서브텍스트로 삼을 목표는 사실 없었지만 마치 병풍 그림처럼 한국 사회의 리얼리티로서 자연스럽게 나오게 된 것 같다. 뭐, 나홍진 감독님에 비하면 (공권력에 대한 풍자는) 새 발의 피가 아닌가 싶은데. 거기선 패트롤카에서 낮잠 자는 경찰도 나오지 않나.

봉 감독의 영화들을 보면 늘 두 가지 이상의 사건, 범죄가 잇달아 연결되는 것 같다. 〈플란다스의 개〉에서는 배두나에게 죄는 없지만 강아지를 빨리 못 찾아줘서 할머니가 죽게 되고 〈살인의 추억〉에선 주인공에게 죄가 없지만 범인을 못 잡아서 또 다른 살인이 발생한다. 〈괴물〉에서도 괴물이 벌이는 사건과는 별도로 아들 잘못으로 아버지가 죽는다. 〈마더〉에서는 사실 소녀를 겁탈한 아저씨들이 가장 문제가 아닌가. 소녀를 그렇게 괴롭히지 않았다면 소녀가 도준에게 그런 반응을 안보였을 거고 살인도 없었을 거다. 그렇게 범죄가 이중적으로 연결되는데 가장 나쁜 놈들은 어느 순간 사라지고 나중에 범죄자가 된 사람들이 죄의식을 갖는다. 배두나도 그렇고 송강호도 그렇고 혜자도 원래는 살인자가 아닌데 말려들게 된다.

문아정이라는 소녀는 굉장히 불쌍한 캐릭터다. 그런 그 애와 또 나름 불쌍한 도준이가 우발적으로 서로 상처를 건드리게 되고 그 과정에서 아정이 살해당한다. 그 죄를 또 더 불쌍한 종팔이가 뒤집어쓰고 그 모든 사실을 다 아는 불쌍한 엄마는 춤을 추면서 끝난다. 보통 힘이 없는 사람들은 삶의 조건이 좋지가 못하다. 나쁜 조건에 있으면 더 악에 받치게 되고. 무척 슬프긴 하지만 나는 그게 현실이라는 생각을 한다. 약한 사람들끼리 오히려 더 서로를 할퀴는 것 말이다. 힘이 있고 돈이 있고 센 사람들은 사실 우리랑 마주칠 일이 거의 없다. 동선이 다르니까. 길에서 재벌회장 본 적 없지 않나?

몇 년 전 한 서민 가족의 차가 재벌회장의 고급 승용차를 긁었다가 화제가 되기도 했는데, 그렇게 마주칠 확률은 도준이와 아정이가 만날 확률에 비해서 극히 적을 거다. 그런 불행한 만남이 어둡긴 해도 현실인 것 같다. 〈플란다스의 개〉에서 이성재와 배두나도 강아지 사건으로 인해 엉뚱하게 조우를 한 거지만 뒤에 이성재는 교수가 되고 배두나는 관리 사무소에서 해고되면서 그들의 간격은 점점 벌어지게 된다. 아마도 그들이 다시 만날 일은 없을 거다.

죄의식을 왜 자꾸 다른 사람이 짊어지는 건가?

슬프니까. 이 인터뷰하기 전에 아침방송에서 병원의 의료사고로 아내를 잃은 남자 이야기를 들었다. 처음에 그 병원에서 진료를 받자고 한 게 남편이었던 거다. 그 남편이 병원을 원망해 소송을 걸면서도 자꾸만 자기가 아내를 죽인 것 같다고 말하더라. 비극이나 슬픈 일이 벌어졌을 때 한국 사람들은 개인화하는 경향이 있는 것 같다.

〈괴물〉의 송강호도 마찬가지다. 영화 처음에 딸의 손을 놓치고 다른 애를 데리고 뛰었던 것이 전체적인 맥락에서 볼 때 작은 한 부분일 뿐이고 순간의 아수라장 때문에 그렇게 된 것인데도 죄책감은 자신이 느낀다. 미국이 버린 포름알데히드 때문에 괴물이 나왔고 정부가 우리를 보호 안 해줘서 이렇게 됐다, 라는 식으로는 생각하지 않는다. 아빠 입장에선 오로지 딸의 손을 놓친 그 순간만 생각하게 된다.

그런 식으로 죄책감을 내면화시키는 것이 내겐 슬프게 다가온다. 과거 대구지하철 사건 때 유족들의 이야기 중에도 그런 내용들이 있었다. 아버지가 대학 들어간 딸에게 차를 사주려다 가격이 안 맞아서 계속 알아보던 중에 딸이 지하철을 타다 변을 당한 거다. 그건 분명 아버지의 잘못이 아닌데도 자기가 차를 늦게 사준 탓으로 여기더라.

원래부터 봉 감독은 우리 사회에 대해 비관적인 입장을 가지고 있나.

어두운 감수성을 좋아하는 긴 사실이다. 음악만 해도 긍정적인 건 못 견디는 편이고 뮤지컬 보다가 뛰쳐나오기도 하고. 서로가 서로를 축하하는 분위기를 잘 못 견딘다. 우울한 구석이 있으면 되레 마음이 편해지고. 아직은 젊어서 인생은 잘 모르지만 어두운 면을 솔직히 인정하는 것이 오히려 서로 위로가 되지 않나 하는 생각이 든다. 어두운 세상에서 아주 가끔씩 즐거운 일로 위로를 받는 것이 인생이니까.

〈괴물〉에서 현서는 죽었지만 모르던 애가 현서로 인해 살아나서 같이 밥을 먹듯이 말이다. 희망은 실낱처럼 보이는 것이라서 더 돋보이는 게 아닌가. 온통 밝고 즐겁다면 짜증나지 않나? 그런 영화나 소설을 읽으면 오히려 더 마음이 어두워진다. '다들 우아하게 사는군, 제기랄' 하면서. 어두운 진흙탕에 몸을 한번 담궈 보고 '내가 이거보단 낫구나, 아직 저렇게까지는 아니구나'라고 생각하는 편이다. 범죄소설이나 추리소설, 공포영화를 어렸을 때부터 워낙 좋아해서 그런 면이 있는 것 같다. 그런 쪽으로 생각할 때 머리가 더 잘 돌아간다.

〈플란다스의 개〉나 〈살인의 추억〉까지만 해도 '그냥 저런 면을 그리고 싶었나 보다'라고 생각했다. 그런데 〈괴물〉과 〈마더〉를 봤더니 과거 이만희 감독의 〈검은 머리〉처럼 실제 밑바닥 인생을 사는 사람들과 감독의 마음이 겹쳐지는 것처럼 느껴졌다.

개인적으로 고등학교, 대학교 시절에 근원적으로 해결 안 되는 일이 있다는 것을 깨닫게 된 계기가 있었다. '이런 건 원래 안 되는 거구나, 그냥 받아들여야 한다' 라는 걸 느꼈다. 또 취향적으로도 어두운 소설이나 그림, 만화 같은 걸 좋아했다. 어렸을 때 〈바벨 2세〉 같은 만화를 읽으면서 파괴적이며 극단적이기까지 한 내용에 매혹됐었다. 비 오는 날 어디 짱박혀서 동서추리문고 읽는 것이 낙이었고. 그런 식의 어두운 세계를 많이 동경했다.

〈플란다스의 개〉와 〈마더〉가 비슷한 느낌이 든다. 뭔가 나쁜 짓을 한 사람이 존재하고. 그 사람 바로 곁에 있으면서도 그가 범인이라는 걸 모르는 여자가 주인공이고. 그런 관계가 영화의 분위기와는 별개로 흡사하게 다가왔다. 〈플란다스의 개〉에서 〈마더〉까지가 한국 사회에 대해 감독의 생각을 정리한 1기에 해당하는 영화들이 아닐까 싶은데.

그런 식으로 구분 짓기에는 작품을 구상한 시점들이나 제작 스케줄을 맞추는 시기 등이 서로 겹친다. 〈설국열차〉의 제작은 〈괴물〉을 찍기 전에 결정했던 거다. 〈괴물〉 작업 하다가 또 옴니버스 연출 제안을 받아서 〈도쿄!〉를 연출을 했던 거고. 그런 식으로 뒤엉켜있는 상황이라서 무슨 삼부작 같은 연작의 개념으로 영화를 찍은 건 아니다. 스토리든 인물이든 이미지든 매순간 내가 원하는 충동에 이끌려서 생각해냈다. 특히 〈괴물〉 같은 경우는 어렸을 적부터 갖고 있던 아이디어로 구상했던 영화였고. 그래도 찍어놓고 보면 결과적으로는 영화들마다 반복되는 부분들이 있긴 있더라. 〈플란다스의 개〉에서도 〈마더〉의 종팔이의 경우처럼, 김뢰하가 연기한 부랑자가 대신 감방에 들어가는 장면이 있다. 시나리오를 쓰고 또 연출하는 것이 나 한 사람이다 보니 필연적으로 반복되는 것 같다.

원빈이 연기한 도준 캐릭터는 농약을 먹고 모자라게 된 애처럼 보이지만, 자기 기억을 조금씩 끄집어내 이야기를 이끌어 가는 걸 보면 실제로는 가장 영악하고 무서운 인물이 아닌가 싶다.

가장 무서운 건 사실이다. 영악하다고 해야 할지는 잘 모르겠다. 내가 보기에 명확한 의도를 갖고 있는 것 같지는 않다. 나 또한 계속 그 인물에 대해 추측하면서 영화를 찍었으니까. '도준이가 이런 사람이다'라고 미리 촘촘하게 짜놓고 일부분씩만 보여주는 식으로 접근한 적은 없다. 미리부터 속속들이 파악하고 표현해가는 캐릭터도 있지만 〈마더〉의 도준이나 〈살인의 추억〉의 박해일의 경우는 나도 궁금해 하면서 찍는 캐릭터다. 실제 우리 삶도 그렇지 않나. 아주 친한 친구 말고 어정쩡하게 여러 번 만나는 친구는 오랜 세월 동안 여러 번 마주쳤음에도 잘 모르는 경우가 많다. 그리고 실제 생활에서도 자주 만나는 사람인데 도무지 속을 알 수 없는 사람이 있지 않나. 그런 느낌을 도준을 통해 살려보려고 했다. 특히 〈마더〉는 엄마의 관점으로 진행되는 영화인데 엄마가 보는 아들인데도 알 수가 없는 것이 슬프고 무서운 거다.

그런 식의 줄타기가 무척 어려웠다. 까딱 잘못해서 너무 섬뜩하고 영악하게 보이면 〈프라이멀 피어〉의 에드워드 노튼처럼 돼서 영화의 두께같은 게 너무 줄어들 우려가 있다. '그동안 바보인 척 한 거야?' 라는 소리가 나올 수도 있으니까. 원빈 군 입장에선 어려운 연기였을 거라고 생각한다. 오랜만에 무척이나 어려운 캐릭터를 맡았는데 정말 잘해줬다.

도준에겐 여러 가지 여백들, 행동과 행동 사이의 이상한 순간들이 있는데 아정에게 돌을 던진 뒤에 바로 "학생, 왜 이런 데서 누워 있어?"라며 거의 혼잣말을 하잖나. 그게 도준의 본질을 가장 극명하게 보여주는 거다. '저건 뭐지? 자기가 자기 자신을 속이는 건가? 자기도 자기에게 마취를 거는 건가? 스스로 정당화하는 걸까?' 의문이 드는 거다. 또 그 뒤에 엄마와 밥 먹을 때도 왜 아정을 옥상에 걸어놨는지에 대해 자신의 이론을 설명한다. 자기가 한 일을 제3자의 이름을 빌려서 변명하듯이 하는 걸까? 아니면 정말 정신이 오락가락해서 종팔이가 했을 거라고 믿는 걸까? 그 점이 나도 사실 궁금했다. 그런 식의 알 수 없는 인물이 갖고 있는 무서움이 있다고 생각한다. 기억을 못한다는 것은 책임을 안 진다는 뜻이다. 그래서 더욱 무서운 것 같다. 어떤 행위가 선행이건 악행이건 거기에서 빠져있다는 거다. 그것이 무책임하고 무섭다. 특히나 엄마의 관점에서 본다면 굉장히 무시무시한 거다.

어떻게 보면 〈마더〉는 엄마가 아들을 통제하려다 실패한 이야기라고도 볼 수 있다. 마지막엔 그들의 관계가 역전된다. 아들이 엄마에게 침통을 건네주면서 말이다. 한쪽이 한쪽을 통제하려고 했는데 그것이 완벽하게 좌절되는 이야기다. 그 이야기를 좀 과장해서 부풀리면 모 네티즌이 쓴 화제의 글처럼 '원빈의 복수'로까지 볼 수 있는 거고, 나도 시나리오를 쓰면서 그런 생각을 해본 적이 있다. 꼭 그렇게 의도한 건 아니지만 결과적으로 볼 때 그렇게 볼 수도 있을 거다. 동반 자살을 동반 살인으로 되갚은 셈이니까. 그렇다고 그렇게 미리 의도한 것도, 바보인 것처럼 가장하도록 설정한 것도 아니다. 넓게 봤을 때의 이야기다. 그런데 그거야말로 가장 어두운 해석이 아닐까 한다. 그렇게 생각하고 싶지는 않았던 해석이다.

봉 감독 영화에선 꼭 바보 캐릭터가 나오지 않나. 배두나도 그렇고 송강호도 그렇고. 이성재나 김혜자 같은 캐릭터들이 똑똑한 척하지만 순수한 눈앞에서는 어쩔 수 없이 실체가 탄로 난다. '저 애가 나를 저렇게 보는데 내가 또 죄를 지을 순 없겠다' 그런 느낌이 들었다. 봉 감독이 그런 식으로 순수한 의미의 바보를 계속 집어넣어서 우리를 그렇게 지켜보게 하려는 듯 느껴졌다.

거꾸로 생각하면 그렇게 볼 수도 있겠다. 또 같은 장면에서 그렇게 바보짓을 하니까 무서울 수도 있는 거고 말이다. 보통 우린 바보에 대해서 방심하지 않나. 하지만 사람 속은 다 알 수 없으니까. 꼭 뭔가를 감추고 있어서가 아니라. 어차피 인간은 알 수 없는 존재니까. 그런 면에서 무섭게 볼 수도 있고 아니면 애는 그냥 순수한 바보로서 행동하는데 보는 입장에서 오히려 그게 더 무서울 수도 있는 거다. 〈플란다스의 개〉에서 현남이가 이성재에게 구두를 줬을 때 공격하려는 의도가 아닌데도 그것이 더 섬뜩하고 쪽팔리게 다가오듯이 말이다.

침통 주는 장면의 대사는 시나리오 단계에서 세 번 바뀔 정도로 논란이 많았다. 연출부, 제작부 쪽에서 의견이 반씩 갈리고 그랬는데 "엄마, 미안해"라고 하면서 주는 버전도 있었고, 또 노골적으로 "이거 멀리 가져가서 버려"라고 하는 것도 있었다. 후자는 굉장히 노골적이지 않나. 증거인멸을 지시하는 듯하고. 사실 촬영할 때 그 버전으로 찍었다. 그런데 편집할 때 보니 너무 노골적인 거다. 인물이 갖고 있는 모호함, 미스터리 같은 게 사라지더라. 너무 살인마처럼 섬뜩하게 보이지 않으면서 최소한의 모호함 같은 게 남겨져야 하는데 그게 아쉬워서 고민 끝에 후시녹음으로 "엄마, 이런 걸 흘리고 다니면 어떡해"로 바꿨다. 그건 보기에 따라서 증거인멸을 요구하는 걸 수도 있고, 그냥 순수하게 봤을 때는 몇 십 년 동안 매일 같이 들고 다니는 걸 왜 잃어버렸냐, 는 식으로 받아들일 수 있는 대사니까. 찍을 때 나도 원빈 군도 고민이 많았다. 그 대사를 할 때의 표정을 어떻게 할지도 굉장히 미묘한 부분이었다. 두 가지 관점이 다 맞을 수 있다고 본다.

〈살인의 추억〉은 70~80년대의 폭압적이고 전근대적인 느낌이 와 닿는데, 〈마더〉도 그 시절의 분위기가 느껴진다. 70~80년대의 트라우마를 계속 되새기고 싶은 건지 궁금하다. 봉 감독 영화에선 요즘 한국영화들에 즐겨 등장하는 강남뻘의 현대적 배경이 거의 안 나오니까. 〈플란다스의 개〉의 아파트도 왠지 수준이 좀 떨어지는 느낌이었고, 〈살인의 추억〉이나 〈마더〉나. 심지어 〈괴물〉에서도 한강 매점 같은 데가 배경이니.

내가 그냥 그런 텍스처를 좋아한다. 표면에 광택이 나는 걸 못 견딘다. 그 이유는 나도 잘 모른다. 헌팅을 하고 세트를 만들고 간지를 내고 하다 보면 결국은 구질구질, 얼룩덜룩, 꿀꿀해지더라. 그걸 나중에 인터뷰로 해명하게 되면 뭔가 그럴듯한 말로 포장해야 하는데 〈살인의 추억〉 때는 설명하기가 쉬웠다. 80년대가 실제로 그랬으니까. 〈괴물〉 때는 90년대 같다고 사람들이 그러더라. 도시 뒷골목 풍경 같은 게. 난 사실 그런 모습이 좋아서 찍은 건데 설명하기가 좀 난감하다. 〈달콤한 인생〉를 보면 조폭 영화이면서도 럭셔리하고 멋진 실내 장면들이 나오는데 나는 생리적으로 거부감이 들어서 그런 장면을 못 찍을 것 같다.

〈마더〉의 옛날식 룩에 대해 질문을 받으면 엄마와 아들의 관계에 집중하기 위해, 지역성과 시대적인 느낌을 혼재시키고 지우려고 했다, 라고 대답한다. 지방이나 시골에 갈수록 옛날 모습이 혼재돼 있으니까 그게 리얼리티라는 식으로 우긴다. 하지만 사실은 내가 광택 같은 걸 못 견뎌서 어떻게든 그게 없는 곳을 찾다보니 결과적으로 옛날 룩이 되는 것 같더라.

핸드폰으로 사진도 찍고 다니는 애가 쌀을 가지고 몸을 판다는 건 좀 어색하다.

쌀을 이용한 건 영화적 욕심으로 리얼리티를 정당화시킨 경우라고 할 수 있다. 모 시골 지역에서 실제 있었던 이야기인데 장애가 있는 아이를 마을 남자들 수십 명이 건드린 일이 있었다. 더 충격적인 건 그 남자들끼리 암묵적으로 다 알고 있었고 서로

권유하기까지 했던 거다. 정말 무시무시한 사건인데 그런 실제 이야기가 영화 속의 쌀떡 소녀보다 더한 경우다. 영화는 오히려 많이 순화된 거라고 할 수 있다. 실제 사건에선 나중에 강간으로 안 잡히려고 일부러 소녀에게 오백원씩, 천원씩 주고 그러기도 했다고. 그 애가 그 돈으로 찬거리도 사고 그랬다더라. 그 애는 머릿속에 강간에 대한 개념이 없으니까. 나중에 목사 한 분이 진실을 알아서 법정까지 가서 마을을 풍비박산 내려고 했는데 그 마을 사람들이 똘똘 뭉쳐서 그 목사를 괴롭히기까지 했다. 극단적인 사례지만 실제로는 쌀보다 더 한 일이 존재했다.

또한 '돈 대신 쌀도 받는다'에서 쌀이라는 것에서 느껴지는 비참함이 필요할 것 같았다. 게다가 쌀은 또 은근히 영화적이다. 쌀더미 속에서 쌀톨들이 좌르륵 떨어지면서 핸드폰을 빼는 느낌과 거기에 수반되는 사운드. 그런 이미지가 생각나면 감독 입장에선 쓰고 싶은 충동을 억누르기가 힘들다. 일단 그걸로 가고 나중에 정당화 시키는 거다. '요즘 세상이라고 안 그럴 줄 아니?' 하면서 말이다. 진지하게 '너는 현실을 모르는구나'라고 되묻고.

아정의 시체가 걸렸던 옥상 풍경을 보여주면서 '이 동네 참 이상해'라는 식으로 말한 장면에서, 그 마을을 한국사회의 한 단면으로 생각한다면 그것을 '이상하다'라고 말한 것이 한국사회를 바라보는 감독으로서의 관점으로 여겨도 될까?

진태가 말한 대사였다. 그걸 듣는 혜자나 관객 입장에서는 좀 무섭게 느껴졌을 거다. 비도 내리고 대사도 약간 보이스오버처럼 깔리니까. 한국에서만 살아서 외국은 어떤지 모르겠지만 사회에 대해 공포감을 갖고 있다. 완전히 적응된 사람들을 보면 굉장히 부러우면서 동시에 그 사람이 무섭게 느껴질 때가 아주 가끔 있다. 특히 몇 년에 한번 투자사에 계신 분들을 만날 때 말이다. 술자리에서도 넥타이를 매고 계신 분들을 만나면 마음이 불안해지면서 '저 사람들이 보기엔 내가 얼마나 이상할까?' 생각도 들고. 왜 머리에 기름 쫙 바르고 주머니에선 '착착착착' 은단 소리도 나고 폼과 각이 딱 잡힌 사람들 있지 않나. 그런 분들을 보면 때론 공포스럽다. 왜 이런 데서 같이 술을 마셔야 하나 되게 불안해지고. 나한테 '영화 재밌게 봤다' 그러지만 실제론 재미없게 봤을 것 같고.

〈마더〉를 사회적인 맥락에서 읽는다면 한국사회의 비극적인 문제들의 원인이 무엇인가라고 했을 때 '기억을 없앤다'라는 것이 하나의 요인으로 다가왔다. 〈마더〉에서 엄마는 아들에게 '너의 안 좋은 기억을 없애줄게'라고 말한다. 고물상 아저씨한테도 같은 이야기를 하는데 결국 그들의 기억을 지우지 못한다. 결국에 엄마는 그 기억을 자기가 가져가야 함에도 불구하고 자기 기억을 지우려 한다. 정작 지워줘야 할 사람들의 기억은 못 지우고 자기 기억을 지우려 한다. 나는 그렇게 기억을 지우는 행위가 아까 말했듯이 책임을 회피하게 만들어 한국사회의 어둡고 비극적인 일들을 야기한 게 아닌가 생각한다. 그런 점에서 〈마더〉의 마지막에서 기억을 지우는 행위가 굉장히 인상적이었다.

거꾸로 말하면 개인의 입장에서는 그렇게 지워야지만 그나마 견디며 살아갈 수가 있고 그래서 슬픈 거다.

〈살인의 추억〉은 영화 전체가 기억을 하고자 잊지 않고자 해서 만든 영화였다. 하지만 〈마더〉는 조금 다르다. 〈마더〉에서는 엄마가 몸에 피까지 묻혀가며 진실을 알았는데 그로 인해 과거와 미래가 다 봉쇄된 거다. 과거에는 농약으로 자살하려 했고 미래에는 엄마와 아들 둘 다 살인자 신세가 된 거고, 죄 없는 종팔이까지 감옥으로 보냈다. 그런 상황에서 모든 걸 다 짊어지고 인간으로서 살아갈 수 있을까? 혜자 입장에서는 기억을 없앤다는 것이 처절한 몸부림이라고 생각한다. 아들이 그렇게 침통을 건네 준 상황에서 더 이상 선택의 여지가 없던 거다. 또한 생각해보면 그것은 영화의 두 시간 가운데 처음으로 엄마가 자기 자신을 위해 하는 행동이다. 영화 내내 아들을 위해 행동해왔던 엄마로선 말이다. 그것이 역설적으로 슬프다는 생각을 했다.

물론 '그 동네가 이상하다. 그 동네가 상징하는 한국사회가 이상하다. 그 안에서 엄마와 아들은 미칠 수밖에 없다'로 볼 수도 있겠지만. 또 반대로 생각하면 그 자체가 일정 정도 맥거핀처럼 작용한다고 본다. 온 동네에서 아정이를 성적으로 착취한 건이 사실이지만 정작 비극은 도준이 자체로부터 온 것이 아닌가. 도준이가 그런 행동을 하게끔 엄마는 '한 대 치면 두 대 깐다, 무시하면 작살내라'는 식으로 교육을 시킨 거고. 한국사회나 모자 외부에 뭔가 큰 요인이 있을 것 같지만 사실은 그냥 그들 모자는 스스로 무너졌다고 볼 수 있을 것이다.

'이 동네가 이상하다'는 대사가 나오는 장면에서도 혜자가 옥상에 올라가 온 동네를 바라볼 때 동네 어딘가에 음습하게 범인이 숨어 있을 것 같지만, 사실은 혜자의 발밑에 진실이 있었던 거다. 그 밑에 숨어 있던 할아버지가 도준이 저지른 비극의 순간을 다 목격한 거였고 그래서 혜자가 아래로 내려올 때 카메라는 할아버지의 위치에 있다. 집 내부의 시점으로 혜자가 계단을 내려와 사라지는 모습을 보여준다. 어찌 보면 그 시선 자체가 아주 무서운 거다. 외부로 온 동네로 뭔가를 확장시키고 거기에 모든 비밀이 있을 것 같지만 사실은 혜자의 발밑에, 어두운 내부에 있었던 거다. 아들이 할아버지를 창문 틈으로 목격했다고 해서 혜자가 그 고물상으로 쳐들어가지만, 그 반대로 할아버지가 도준이를 목격한 게 아닌가. 그런 관점에서 보면 굉장히 다르게 보일 수도 있을 거다.

한국사회가 문제인 것 같지만 실상은 엄마와 아들 내부에 원인이 있다는 것. 보수적인 관점일 수도 있지만 그것이 〈마더〉가 〈괴물〉이나 〈살인의 추억〉과 다른 점이라고 생각했고 시나리오를 쓸 때도 거기에 초점을 뒀다. 하지만 막상 찍혀진 영화를 보니까 외부적인 요인들이 없지만은 않더라. 아무리 원빈이 돌을 던져서 그런 일이 일어났다고 하지만 그 지점에 이르기까지 아까 말한 마을이나 아정을 둘러싼 모든 것들이 쌓여 있었기 때문에 가능한 것 같기도 하다.

엄마와 진태의 관계가 궁금하다. 엄마가 집에 돌아와 보니 진태는 컴퓨터로 고스톱을 치다가 "니가 나에게 이럴 수 있냐?"라고 말하는 장면 말이다. 옷을 벗고 있는 것이 뭔가 그 상황에 익숙하다는 느낌이었다.

많은 아주머니들이 진태가 섹시하다고 말해주시더라. '도준 엄마랑 두세 번은 관계를 맺었겠지?' 라고 묻기도 하고. 또 엉뚱한 해석으로는 '씨 다른 자식이다'라는 의견도 있었다. 사실 나로선 그럴 의도가 없었다.

물론 그 순간에 뭔가 성적으로, 공격적으로 혜자를 위협해야 한다, 는 생각은 있었다. 그 전 장면에 혜자가 진태랑 미나가 섹스하는 걸 목격하지 않았나. 그랬던 놈이 웃통을 벗고 비오는 날에 자기랑 집에 단둘이 있는 거니까. 또 도준에서 진태로 환각처럼 싹 바뀌는 부분도 나쁘게 분석하자면 잘 수 없는 남자에서 잘 수 있는 남자로 바뀌는 셈이다. 가슴을 들이밀며 살 냄새를 풍기며 지나간다. 대사도 약간 남편처럼 "왜 이렇게 늦었어?" 하는 식으로 말하고. 그런 성적인 공격성은 영화에 도저하게 흐르도록 의도적으로 표현한 것이었다.

하지만 둘이 실제로 무슨 관계가 있거나 혹은 그런 느낌을 의도적으로 풍기려한 건 아니었다. 대신 진태를 미워할 수 없는 묘한 매력이 있는 '잡놈'으로 그리려 했다. 돈을 받아먹긴 하지만 돈을 주면 조력자가 되어 갑자기 좋아지는 놈. 그런 놈이 골프채에 립스틱 묻은 것 때문에 경찰서에서 고초를 당한 거다. 진태 입장에서는 되게 기분 나쁠 거라고. 자기 집을 가택침입해서 몰래 뒤진 거니까. 그리고 자기가 섹스하는 걸 엄마가 훔쳐봤을 거라 추측도 했을 거고. 그렇다면 엄마 집에 가서 충분히 뒤집어엎을 수도 있다.

결국 진태의 목적은 위자료, 돈이고 그것을 얻기 위해 최대한 잡놈스럽고 공격적으로 보이고 싶었는데 거기에 뭔가 케이크 위에 딸기를 얹듯이 하는 한방이 부족했던 거다. 그래서 찍기 전전날 콘티에서 "니가 나한테 이럴 수 있어?"라고 대사를 바꿨다. 이 대사 너무 막나가는 거 아닌가, 라는 지적도 있었지만 배우 본인의 생각이 궁금해서 촬영 당일 날 아침에 분장실에서 진태로 분장하는 진구를 만났다. 테스트겸해서 "야, 친구 어머니에게 그렇게 얘기할 수가 있냐?"라고 따졌더니 진구가 "감독님이 써 놓고서 왜 이러세요? 하지만 제 입에 딱 붙었어요"라고 하더라. 그때 '아, 역시 이 녀석은 진태다. 너무 귀엽다'라는 생각이 들었다. "역시 이렇게 가야겠지?"라고 했더니 "그럼요, 감독님, 딱인 거 같아요, 진태인 거 같아요"라고 하면서 실제 연기도 잘 하더라. 그 대사를 하자마자 바로 긁으면서 "위자료 5백만 원 줘"라고 하지 않나. 또 그 돈 받고 바로 '어머니' 소릴 하고. 둘 사이의 관계를 추측하게끔 할 의도는 없었다. 좋게 말하면 관객들의 상상력을 자극한 거고 나쁘게 말하면 혼란스럽게 만든 것 같다.

나와 진구는 의기투합해서 잡놈의 절정을 보여주려 한 건데 의외로 걸림돌이 된 것 같다. 특히 이런 유의 영화는 작은 것 하나하나에 관객들이 민감하게 신경을 쓰는 것 같다. 〈살인의 추억〉의 '보일러 김씨' 때도 그랬고. 이강산 기사님이 카메오로 출연해서 보일러를 손보고 가는 장면 말이다. 취조가 얼마나 지리멸렬하고 산만한가를 보여주기 위한 의도였는데 나중에 인터넷에 보니 '보일러 고치러 들어왔던 아저씨가 범인이다'라는 얘기도 있더라.

시나리오에도 이런 지문이 있다. '자지를 주물럭거린다'라고. 정말 패륜적인 장면이다. 진태는 영화의 요소요소에 등장하지만 화면에 등장하지 않을 때 도대체 뭐하는 놈인지 궁금하게 만드는 캐릭터다. 가족들도 안 나오고, 끝에는 또 양복 입고 차 끌고 나오고.

시체가 된 아정이 옥상 난간에 걸려 머리를 거꾸로 늘어뜨리고 있는 장면은 호러 영화의 한 장면 같았는데 처음부터 그 비주얼을 생각했나.

그렇게 옥상에 놓여있다는 설정 때문에 뒤의 스토리와 연결되지 않나. 죽어서 파묻는 게 아니라 위에 걸쳐놓는다는 개념이 재밌었다. 같이 작업했던 박은교 작가가 옥상에 시체를 끌고 올라간다는 개념을 처음 도입했다. 난간에 거는 건 없었지만 시체를 옥상으로 갖고 가면서 피가 계단에 뚝뚝 떨어지는 이미지가 나왔다. 실제 영화에선 사라진 부분이지만 처음 시나리오 쓸 때 그것이 인상적이었고 밑이 아닌 위로 간다는 느낌이 재밌었다. 그러다 아예 그럴 거면 난간에 전시를 해 사람들이 보게 되는 걸로 가닥을 잡았다. 그렇게 펼쳐나가다 보니 쨍한 대낮에 형사들은 나루터에서 돛단배 구경하듯이 황당해하는 거고. "2학년 4반... 고삐리네"라며 셋이 MBC 합창단 자세로 올려다보고. 그게 나로선 핵심적인 이미지였다.

문아정이란 캐릭터가 아주 중요하고 불쌍한 인물인데 그 인물에 접근해 들어가는 방식이 처음에는 굉장히 오브제 같지 않나. 마치 교복 빨래 널어둔 것처럼, 뒤에도 빨랫줄에 교복이 잠깐 나오고. 남자들은 무슨 올림픽 깃발 보듯이 쳐다보면서 노닥거리고. 그때 거꾸로 된 얼굴이 잠깐 나온다. 어두워서 잘은 안 보이지만. 그리고 그 인물에 대한 이야기만 계속 나온다. 아정이에 대해 아느냐 어쩌느냐 식으로. 그리고 다음 단계로 영정 사진이 나오는데 혜자가 그걸 방에 붙이는 게 나온다. 그리고 사진관 하는 전미선의 회상을 통해 마침내 살아 있는 그 아이를 보게 된다. 그리고 그 아이가 말하는 걸 처음 듣는다. 그 다음에 놀이공원에서 고등학생 무르팍에 누워 있는 모습이 나오고 점점 그 애의 진실에 다가가게 된다.

그런 식으로 처음에는 살인사건의 어떤 희생자, 나쁘게 말하면 고깃덩어리 하나가 걸려있는 것처럼 보이던 것이 한 불쌍한 아이의 실체로 점점 다가서는 형태로 했다. 스타트는 엽기적이고 잔인하면서도 그 인간의 체취가 전혀 안 느껴지는 것으로, 마치 옥상 난간에 걸린 빨래처럼 보이게 하고 싶었다. 그게 문아정의 시작이고 문아정의 끝은 도준에게 하는 대사였다. '니가 날 알아?'라고. 그 가장 비극적인 마지막 순간에 도달해서야 자기 감정과 목소리를 직접 토하는 거다. '남자가 싫다'라고. 그 아이의 마지막 유언 내지는 진짜 본심을 그 순간에 가서야 말한 건데 말하자마자 죽게 되는 거다.

다른 감독은 잘 안 보여주려고 하는, 김기영 감독이나 즐겨 사용하는 듯한 공간이 봉 감독 영화에 주로 나온다. 아파트 지하라던가 산이라든가 굴다리 같은. 〈살인의 추억〉에선 하수도도 나오고 〈마더〉에선 어두운 골목 풍경이 다른 한국영화에선 잘 안 나오는 공간이다. 봉 감독은 그런 사람들의 관계를 그 안에 넣어두고 묻어버리는 것

같다. 질문을 그 공간 안에 두고 그 상태로 두는 것 같다. 그 공간들을 언제까지 가져

갈지가 궁금하다.

원래 어두운 공간에 비밀이나 사연도 많기 마련이고. 비밀은 또 안 밝혀질 때 재밌

지 않나. 나보고 광장공포증이 있는 것 같다고 누가 그랬던 것 같다. 〈괴물〉의 매점

같은 경우를 예로 들면서 좁은 공간에서 오히려 아늑함을 느끼는 거 같다고. 어렸을

때부터 좁거나 어두운 공간에 비밀이 있거나 음습한 일들이 벌어지는 것에 많이 끌렸

다. 잠실 모 아파트에 살 때 아파트 지하실에서 이상한 광경들도 많이 보고. 경비 아

저씨와 청소부 아줌마의 썸씽 같은 거.

지하 언더월드가 그분들의 세계고 주민들은 또 잘 안내려가니까. 주민들이 쓰다 버

린 멀쩡한 가구나 가전제품으로 잘 꾸며놓았더라. 거기 내려가면 기분이 되게 이상하

다. 어두운 버전의 모델하우스랄까. 〈플란다스의 개〉나 특히 〈지리멸렬〉에서 그런 걸

많이 다뤘는데 그런 걸 좋아했는지도 모르겠다. 거창하게 변명하면 빛과 어둠을 그리

려 했던 거고. 〈마더〉에서 모든 진실이 다 응축돼 있는 폐가와 작은 집들 사이의 그

작은 골목 말인데, 밤과 달리 대낮에 드러난 공간은 별로 대단한 게 아니다. 집들이

모여 있다 보면 그런 공간이 의례 생기기 마련이다. 그 장면을 위해 홍경표 촬영감독,

류성희 미술감독하고 많은 시간 의논했다 낮에 보면 대수롭지 않지만 밤에 특정 조명

을 비추면 극적으로 보여야 하고 폭도 되도록 좁았으면 좋겠고 하는 식으로.

굉장히 깊다는 느낌이 들었다. 그 어두운 공간 속에 엄청나게 깊은 것이 저 안에 있다는 것처럼.

그 공간이 처음 소개되는 것이 도준이 아정의 뒤를 졸졸 따라가다가 "남자가 싫으니?"라고 할 때 아정이 획하고 들어갈 때다. 그 다음에 시점이 바뀌어서 도준의 어깨 너머로 그 골목이 스윽 보인다. 그 결정적인 장면 뒤에 또 시점이 완전히 바뀌어서 카메라가 그 공간 안에 들어가게 된다. 그리고 도준이 프레임 안에 잡히게 되고. 또다시 도준 시점으로 골목을 보다가 샷이 바뀌어서 골목이 도준을 보는 식으로 돼있다. 연쇄살인 영화에서 늘 인용되는 표현으로 '우리가 심연을 들여다보면 심연 또한 우리를 들여다본다'라는 말이 있다. 찍을 땐 몰랐는데 찍고 나서 보니 그 장면 자체가 그거더라. 도준이 바라봤던 심연이 도준을 바라보는 걸로. 원래부터 의도했던 건 아니지만 클라이맥스하고도 연관된 것 같다. 도준이 창문 사이의 노인을 목격한 게 아니라 노인이 도준을 목격한 거고 거기에 진실이 숨어 있던 거다. 콘티를 짤 때 그런 걸 다 생각해서 한 건 아니지만 나중에 해놓고 보니 그렇게 보이더라.

도준이 아정의 뒤를 따라갈 때 아정이 어두운 공간에 숨는 것이 좀 이상했다. 밝은 계단 놔두고 왜 굳이 어두운 공간으로 도망치는지 말이다.

도준이 없었다면 그 옆에 할아버지가 있는 집으로 들어갔을 거다. 그런데 도준 때문에 그 타이밍을 놓치고 당황해서 그쪽에 숨어들어간 건데 거긴 사실 막힌 곳이었다. 설마 거기 돌이 있는 걸 알고 들어가진 않았을 거다. 들어가서 분을 삭이다 보니 거기 돌이 있어서 던졌을 거고 그렇게 비극이 시작된 거라 생각했다.

관객 입장에서 볼 땐 아정이 그렇게 어두운 곳에 일부러 숨었다면 거기 누군가가 있다는 짐작이 들기 마련이다. 그래서 나중에 도준이 기억을 떠올려 할아버지가 근처에 숨어 있다는 것을 알게 됐을 때 사실 크게 놀랍지가 않았다.

뒤의 클라이맥스를 빼고 봤을 때는 그 순간만의 미스터리가 있는 거다. 어두운 공간에 들어가고 나서 모습은 안보이고 돌만 날아오니까. '그 안에 여고생이 있는 걸까? 아니면 다른 누군가가 있는 걸까?' 하고. 그런 의문점을 미리 심고 싶었다. 조명상의 딜레마는 좀 있었다. 처음에는 칠흑 같은 어둠으로 보였다가 나중에는 그 내부가 드러나야 하니까. 영화적 허용치 내에서 편법을 쓴 거다.

처음에 도준이 골목을 지나가는 부분에서 할아버지 얼굴이 살짝 비치길래, 예전에 〈프로폰도 로쏘〉에서 주인공이 처음에 놓치고 지나간 액자 그림을 나중에서야 떠올리고 사건의 단서를 찾는 게 생각났다.

난 그 영화는 못 봤지만 데이빗 린치의 〈트윈픽스〉에서 장면의 아이디어를 떠올렸다. 거기 보면 로라 팔머의 엄마가 딸의 방에 들어갔다 나왔는데 나중에 기억을 떠올리니 딸의 방 침대 옆에서 남자의 얼굴이 있던 걸 알고 소스라치게 놀라는 장면이다. 무의식 가운데 있다가 그것이 생각나 비명 지르던 것이 무섭고 인상적이었다. 거기서 아이디어를 떠올렸던 것 같다. 〈마더〉에도 초반에 이미 단서가 나온다. 관객들은 화면이 어둡고 또 문아정에게 시선이 집중되기 때문에 놓치기 쉬운데, 도준이 쫓아갈 때 창문 틈으로 백발노인의 모습이 보인다. 일부 극장에서 화면이 어둡고 잘려서 잘 안보이기도 하지만 아무튼 페어플레이를 한 거다. 반칙은 아니다.

〈마더〉는 엄마와 아들 이야기지만 아버지는 없지 않나. '니 아버지는 어떻게 됐다' 라는 식의 언급도 없고. 극중 전미선도 임신을 하려고 노력하는데 그 남편은 코빼기도 안 보인다. 내러티브상에선 아버지가 없는 것이 맞는 것 같은데 좀 이상한 느낌도 들더라.

가상의 존재처럼 싹 지워져 있다. 내가 원래 그런 식의 판단에서 극단적인 편이다. 찔끔찔끔 보여줄 바엔 아예 안 보이게 하는 쪽을 택한다. 〈괴물〉에서도 변희봉 부인도 없고 송강호 부인도 없지 않나. 이번에는 그 반대로 남편 쪽을 다 지워버린 거고. 그리고 〈살인의 추억〉의 마지막 2003년 시점 에필로그에서도 김상경, 김뢰하는 빠지고 송강호만 나온다. 〈괴물〉 에필로그에도 송강호만 나오고. 그런 식으로 화끈하게 스크린 밖으로 몰아내는 것을 선호하는 편이다. 그게 나쁜 쪽으로 보면 약간 좀 아쉽고 허전하고, 좋은 쪽으로 보면 더 간결하고 집중력이 있으면서 오히려 나오지 않는 존재들에 대한 궁금증도 생기는 게 아닐까 한다. 그런 점에서 〈마더〉에서도 아버지의 존재는 확실히 제거하고 싶었다. 사실 사진으로 아버지의 모습을 찍긴 찍었다. 다락방에 올라가 사진 찢고 그걸 전미선에게 가져다가 확대해달라는 장면. 그 찢은 나머지 절반에 아버지가 있다. 그 찢겨진 부분을 따로 클로즈업으로 찍지 않았고 찢는 동작만 찍었는데 빛이 투과돼서 아버지의 형태가 보이긴 한다. 혜자 입장에선 남편을 찢고 자기 사진을 갖다 주는 건데, 어떤 네티즌은 또 찢어낸 게 진태라고... 씨 다른 형제 진태가 거기 찍혀 있는 거라고 추측하더라.

영화 오프닝의 혜자가 춤추는 장면은 촬영 후반부에 찍은 건가?

실제 촬영 순서는 늘 그렇듯이 뒤죽박죽이고 장소와 계절에 스케줄을 맞춘 거다. 제천 클라이맥스 장면을 찍은 뒤 신두리에서 그 장면을 찍었던 것 같다. 〈살인의 추억〉에서 송강호의 라스트 씬도 벼가 누렇게 익었을 때 찍어야 해서 촬영 초반에 찍었다. 클라이맥스 같은 건 하나도 안 찍은 상태에서 말이다. 프로 감독과 프로 배우로서는 어쩔 수 없는 일이다. 들판에서 춤추는 장면은 촬영이 한 40~50% 된 상태에서 찍었다. 버스에서 춤추는 장면은 비교적 막바지에 찍었다.

시작 부분의 그 춤 장면은 본 사람들 대부분이 놀랐을 거다. 너무나 인상적이었는데 어떻게 연기 지도를 한 건가.

'이 영화... 막 가는 거다'라는 식으로 전달했다. 사실 라스트 씬의 고속버스 춤 장면은 2004년 시나리오 쓸 때부터 있었다. 이건 엄마 이야기니까 반드시 고속버스 춤 장면이 들어가야 한다고 애초부터 정해났다. 그런데 그 라스트를 보다보니 왠지 처음에도 춤을 넣고 싶었다. 라스트는 고속버스에서 추니 처음에는 대신 탁 트인 곳에서 하자고 결정한 거고. 혜자가 살인을 저지르고 나서 고물상 뒤의 숲으로 도망갔는데 거길 벗어나니 갑자기 비현실적인 몽환적이고 이상한 벌판이 나온다, 라는 설정이 먼저 있었다. 애초에 춤추는 장소로 선택한 건 아니었지만 살인을 한 뒤에 아주 이상한 곳에 도달한다는 설정으로 말이다. 이상한 음악도 나오고. 바로 조금 전 자기 인생에서 돌이킬 수 없는 어마어마한 짓을 저지르고 손에 피를 묻혔는데 되게 나른하고 몽환적인 공간이 펼쳐지는 거다. 그걸 꼭 찍고 싶었다. 이게 꿈인지, 좀 전의 살인이 꿈인지 명해지는 거.

우리도 일상에서 그 정도까지는 아니더라도 비슷한 일을 자주 겪지 않나. 대학교 때 가두시위를 하다가 백골단에게 쫓겨 프라자호텔로 들어간 적이 있었다. 도망치다 뒷문으로 들어갔는데 갑자기 조용하게 '바~ 바~ 바바~' 하는 음악이 흐르더라. 몸에선 흰 가루가 막 떨어지는데 웨이터가 딸랑딸랑 움직이고 우아한 사람들이 앉아 있고 말이다. 좀 전에 정말 내가 시위에 참여했었나 싶을 정도로 어이없어 했던 경험이다. 그때 호텔 2층에 올라가서 내려다보니 아래는 여전히 바글바글하고. 그런 식으로 혜자의 가장 비극적인 순간에 갑자기 펼쳐지는 이상한 공간, 그 장소를 제주도든 어디든 꼭 찾아야 한다고 생각했다. 그때까지도 오프닝은 정해두지 않았는데 그 결정적인 공간과 2004년부터 생각했던 라스트의 춤 장면을 결합해보자는 생각이 들었다. 뜨억 ~ 하겠지만 오프닝 씬이니까 '관객들이 이걸 보고 극장을 나가진 않겠지'라고 생각했다. 오프닝에선 많은 게 허용되니까.

그 춤은 배우가 직접 고안하신 건가?

나나 김혜자 배우나 미리 안무를 짠 건 아니었고 안무가를 초빙한 것도 아니다. 김혜자 선생님은 그냥 야외에서 춤을 추셔야 한다는 사실 자체를 당혹해 하셔서 "봉 감독도 같이 춰야 한다. 전 스태프가 같이 춰야 한다. 나 혼자 춤출 순 없다. 이 나이에 내가 무슨 짓이냐" 그러셨다. 그렇게 불안하셨는지 연습까지 하시더라. 여자 연출부 두 명을 불러서 짬날 때마다 같이 연습하는 눈치였다. 처음에는 영화에 나온 것과는 다르게 고속버스에서 아줌마들이 추는 막춤을 넣으려고 했다. 트로트 음악도 틀고 말이다. 하지만 그러기엔 분위기가 너무 안 맞아서 그것보다는 좀 느슨한 걸로 하기로 했다. 연습을 하긴 했어도 각까지 미리 세밀하게 맞춘 건 아니었고. 단지 짬짬이 연습해두신 것 중에 손으로 얼굴을 가리고 입만 보여주는 이미지가 굉장히 강렬해서 그걸 콘티에도 넣었고 촬영 때도 그 동작만큼은 꼭 찍기로 약속을 했다. 이병우 감독의 음악도 그 부분에 맞춰 잠깐 스톱이 되도록 했다. 음악은 그 춤을 보고서 만든 거다. 음악을 틀고 현장에서 춘 게 아니라. 그리고 거기에 맞는 장소를 찾는 게 쉽진 않았다.

충청남도에서 찍었는데 얼핏 약간 이국적이기도 하고. 그런 장소가 있어서 다행이었

다.

결과적으로 이번 영화에 만족하는가?

라스트 씬만큼은 만족한다. 촬영 운도 좋았고 말이다. 6개월 넘게 준비한 샷이

었는데. 찍고 나서 보통은 쪽팔려서 안 하는데, 그날만큼은 나와 홍경표 감독님

이 부둥켜 앉고 쾌재를 부를 정도로 자부심이 들었다.

02

〈기생충〉

봉준호 감독 인터뷰

미국 아카데미상 시상식이 열리기 전 2019년 연말에 익스트림무비 주최로 봉준호 감독을 만나 깊이 있는 대화를 나누었다. 영화를 둘러싼 북미 시장 현황, 꼭 듣고자 했던 영화 관련 코멘트, 오스카 레이스 등에 대해 많은 질문과 대답이 오갔다.

일자: 2019년 12월 23일, 서울 방배동 모 카페

인터뷰어: 김종철(익스트림무비 편집장), 이용철, 정민아

미국 현지에서 직접 느낀 〈기생충〉의 반응 어땠나?

2019년 8월 말에 있었던 텔루라이드 영화제가 〈기생충〉을 미국 관객들에게 소개한 첫 출발점이었다. 이어서 토론토, 뉴욕영화제를 거쳐서 10월에 정식으로 북미 지역에 개봉됐다. 그리고서 북미 배급사 및 전문 홍보팀과 함께 개봉 프로모션 겸 아카데미상 프로모션을 계속 진행하고 있다. 북미 반응은 좋았다. 프랑스에서의 반응이 가장 뜨거운 게 아닐까 생각했는데 북미 쪽에서 더 좋아해줘서 의외지만 더 기뻤다. 〈기생충〉의 장르적인 만듦새를 더 즐겨주시는 것 같다.

한국영화로서는 최초로 오스카 레이스에 참여했다. 홍보 캠페인 활동 중 경험한 재밌는 이야깃거리가 있다면?

박찬욱 감독님의 〈아가씨〉도 오스카 후보에 오를 가능성이 컸지만 우여곡절 끝에 한국영화 대표로 뽑히지 못했고, 대신에 영국 아카데미상을 수상했다. 그리고 2019년에 〈버닝〉이 오스카 외국어영화상 부문 예선 10작품에 포함되기도 했다. 또 〈옥자〉도 한국영화는 아니었지만 시각효과 부문 예선에 올랐었다. 그런 식으로 조금씩 오스카 진출 시도들이 있어서 자연스럽게 (〈기생충〉이 주목 받는) 이런 시기가 온 것 같다. 〈기생충〉 이후에도 한국영화들의 오스카 진출 소식이 뜨문뜨문 들려오지 않을까 생각한다.

칸국제영화제의 경쟁부문에 한국영화가 오르는 게 엄청난 숙원 사업처럼 여겨지던 때도 있었다. 임권택 감독님의 〈춘향전〉이 처음 경쟁 부문에 진출한 이후 〈취화선〉으로 감독상 받으셨고, 이어서 박찬욱 감독님, 이창동 감독님이 수상하면서 이제는 칸영화제 경쟁부문에 한국영화가 없으면 도리어 뉴스가 되는 시대가 됐다. 오스카 역시 앞으로 그렇게 되었으면 하는 바람이다.

오스카 홍보 캠페인은 무척 힘들다. 여러 군데를 돌아다녀야 해서 신체적으로 고생이고 스케줄도 살벌하게 빡빡하다. 텔루라이드 영화제 이후 LA에 갔을 때 〈옥자〉의 제작사 '플랜 B'의 프로듀서 제레미 클라이너와 만났다. 그 사람이 날 보며 씩 웃더니 "넌 올해 가을, 겨울은 X된 거다"고 말했다. 좋은 의미로 '너는 강제 등판된 거다'란 얘기였다. '〈기생충〉은 어워드 시즌 영화로 분류가 됐고 네가 원하든 원치 않든 투수 등판하듯이 마운드로 가야 한다.'는 식으로 말이다. 제레미 클라이너는 〈노예 12년〉, 〈문라이트〉 등을 제작하면서 오스카 레이스를 많이 경험해본 사람이다. 그런 사람이 내게 "정말 지칠 거다. 대신에 그 과정에서 여러 아티스트들을 만나는 것이 낙일 수도 있다"는 조언을 해줬다. 이번에 귀국하기 전에 영국 런던에서 진행한 행사에서 틸다 스윈튼이 시사회 호스트를 맡아줬다. 틸다는 2007년 영화 〈마이클 클레이튼〉으로 오스카 여우조연상 탄 적이 있어서, 같이 식사하는 자리에서 "원래 이렇게 힘든 거냐?"고 물었더니, 자기 때는 이 정도로 혹독한 스케줄은 아니라고 했다. 최근 들어서 특히 기간도 길어지고 고강도가 된 것 같다고 말하더라.

2019년에 〈로마〉가 오스카 레이스에 뛰어들었을 때는 넷플릭스가 홍보비로 1,200억 원을 썼다는 얘기도 들었다. 그 돈이면 한국영화 10편은 찍을 텐데. 수많은 인원들이 엄청난 예산을 쏟아 부으면서 경쟁을 펼치는 걸 보면서 나나 송강호 선배나 신기해하고 있다. 이미 개봉한 영화들이고 또 박스오피스에서 내려간 영화들도 있는데, 큰돈을 들여가며 홍보한다는 게 말이다. 함께 경쟁하는 입장이지만 한편으로는 외부인인 우리 입장에선 대소동처럼 보인다.

〈기생충〉의 북미 배급사는 스마트하고 일 잘하는 좋은 분들인데, 아무래도 디즈니나 넷플릭스 같은 거대 회사가 아니다 보니 물량 대신에 감독을 갈아 넣는 식으로 엄청난 양의 GV를 진행했다. 미국에서 처음 개봉하는 주에는 하루에 몇 군데씩, 마치 봉고차를 타고 미사리를 도는 유랑극단처럼 움직였다. 그때 빡빡했던 스케줄을 생각하면 지금도 아찔하다.

〈기생충〉 같은 외국어 인디 영화는 PTA(극장당 평균 수입)이 가장 중요하다고 하더라. 〈겨울왕국 2〉 같은 큰 영화들과는 어차피 경쟁이 안 되니 작은 규모의 극장들에서 PTA를 높이기 위해 아트하우스 배급사들이 목숨을 건다. 그래서 나와 송강호 선배, 박소담 씨가 GV를 엄청나게 할 수밖에 없었다. 한번은 극장 안에서 쥐도 봤다. 극장 안에서 미친 듯이 질의응답을 하던 중 객석에 쥐가 지나가는 광경이 초현실적으로 보였다. '와, 저 관객은 대화에 몰두한 나머지 쥐가 지나가는 것도 모르는구나' 속으로 생각했다.

대신 제레미 클라이너의 말처럼 사람들과 만나는 기쁨도 있다. 〈설국열차〉 때 같이 일했던 에드 해리스가 연극 공연을 마치고 〈기생충〉을 보러 와서는 좋았다며 격려해줬고, 엔진칸에서 함께 지지고 볶고 했던 옛날 얘기도 나눴다. 또 스파이크 존스, 데이빗 O. 러셀 감독 같은 이가 Q/A를 진행해 주기도 했다. 데이빗 O. 러셀은 독특한 정신세계를 가진 분이던데 〈기생충〉에 대한 별난 해석과 자신만의 생각을 많이 이야기했다. 또 〈옥자〉 때 같이 작업한 제이크 질렌할과 틸다 스윈튼과 다시 만날 수 있었던 게 가뭄에 콩 나듯 경험한 즐거움이었다.

하지만 전반적으로 몸이 지치고 시차 적응도 힘들다. 송강호 씨는 텔루라이드 영화제 때 코피도 흘렸다. 그 영화제가 콜로라도 산맥 해발 2천 2백 미터 고지에서 진행되기 때문에 고산병 약을 먹고 가는 곳으로 유명하다. 왜 그런 데서 영화제를 하는지는 모르겠지만, 거기가 매년 오스카 레이스에 등판하는 영화들의 첫 무대라고 하더라. 실제로 마틴 스콜세지 감독님(〈아이리시 맨〉)과 〈원컷 젬스〉

팀, 노아 바움백 감독(〈결혼 이야기〉)을 거기서 봤다. 그때부터 시차와 고산병 증세 때문에 사람을 혼동하는 등 시작부터 고생이 많았다.

오스카 주제가상 예비 후보에 〈기생충〉의 엔딩곡 '소주 한잔'이 올랐다. 봉준호 감독이 직접 작사한 곡이기도 한데 기분이 어떤가?

그 예비 후보 발표가 나와 북미 배급사에겐 굉장한 충격이었다. 미술, 편집 분야에선 유력한 후보로 꼽히고 있고, 조합상 후보에도 오르는 등 배급사에서 신경을 많이 써주고 있다. 그런데 '소주 한잔'은 한국에서도 그런 노래가 있는 줄 잘 모르지 않나. 북미에서도 GV를 진행할 때는 시간 관계상 최우식의 노래가 흐르기 직전에 소리를 꺼버리기 때문에 그쪽 관객들이 노래를 못 듣는 경우가 많았다. 그런데 어떻게 알고 투표한 건지…… 아카데미의 음악 분과 회원들이 예비 후보로 뽑았을 텐데, 정작 정재일 음악감독의 OST는 예비 후보에 포함 안 되고 주제가상이라니. "이게 뭐지? 어떻게 받아들여야 하나?" 어리둥절했다. 배급사에선 그만큼 영화를 좋게 본 거라며 긍정적으로 해석하더라.

한편으로 북미 배급사와 홍보팀이 광란의 환호 내지 충격과 환희를 드러냈던 건 미국배우조합상(SAG)의 앙상블상에 노미네이트됐을 때였다. 나와 한국 쪽 팀들은 '왜들 저렇게 좋아하지?' 싶었는데, 거의 칸에서 황금종려상 받을 때만큼이나 좋아라 했다. 왜 그러냐고 물었더니 〈기생충〉이 여러 비평가협회 상들을 압도적으로 휩쓸긴 했지만, 오스카 투표권을 가진 8천여 명 중에 평론가는 0명이라고 한다. 물론 그 상들을 받음으로써 좋은 분위기가 되고는 있지만, 오스카상 투표권자의 대부분은 현역 또는 은퇴한 영화 업계 사람이라는 거다. 그들은 각자 감독 조합, 프로듀서 조합, 촬영 조합 등등에 소속돼 있는데, 그 조합들 중에서 특히나 인원수가 가장 많은 게 SAG다. 따라서 그 SAG에서 관심을 받는 영화가 오스카 레이스에서 큰 의미를 지닌다고 하더라.

〈기생충〉이 SAG 앙상블상에 노미네이트됐을 때 완전히 난리가 났다. 홍보팀 사람들이 소리 지르고 울고불고……. 그날부터 캠페인 분위기가 확 바뀌었다. 예산을 더 투입해서 뭘 더 한다 어쩐다 하면서. 그렇게 나중에서야 중요성을 알게 됐고 나와 배우들도 그 시상식에 참석하게 될 것 같다. 비영어권 영화가 그 앙상블상 후보에 올라간 것은 〈인생은 아름다워〉(1997) 이후 처음이다. 역대로 치면 〈기생충〉이 두 번째이고. 홍보팀에서도 전혀 기대하지 못했다고 한다. 내 앞에 앉아 있던 홍보담당자가 노미네이트 소식을 듣자마자 경기를 일으킬 정도로 말이다.

영화 일을 시작한 이후로 어쩌면 지금이 최고의 순간이라 느낄지도 모르겠다. 과거에 처음 감독이 되고자 했을 때, 미래에 지금과 같은 상황이 올 거라고 생각해본 적 있나?

처음 겪는 일이라서 즐겁고 신기하긴 하지만 어떻게 보면 외적이면서 영화적인 소동이다. 나와 송강호 씨에게 있어서 (홍보가) 본업은 아니지 않나. 원래 내 일은 〈기생충〉의 후반 작업을 마무리했던 지난 3월 말에 이미 끝났다. 그 후로 영화는 0.1초도 바뀌지 않았다. 그러고 나서 칸, 프랑스, 미국 등에서 소동이 벌 어졌고 육체적으론 힘들지만 관여한 사람으로서 참여하고 있는데, 어디까지나 부수적인 일이지 본업은 아니다.

송강호 씨도 곧 한재림 감독님 영화에 출연할 예정이라서 다들 본업에 복귀하 기를 기다리고 있다. 미국, 일본에서 한 차례씩 정신적 위기를 느끼기도 했다. 칸 에서부터 지금껏 인터뷰 횟수가 450번이 넘어가고, GV도 100번이 넘어가니 갑 자기 모든 게 멍해지는 순간이 왔다.

비슷한 질문을 많이 받겠다.

인터뷰의 60~70%는 질문들이 비슷하다. 색달랐던 것은 텍사스 오스틴에서 영화 마니아들과 만났을 때였는데 질문들이 독창적이어서 인터뷰가 아주 재밌었 다. 그리고 『사이트 앤 사운드』 『카이에 뒤 시네마』 『키네마 준보』 같은 영화 전 문지 쪽 분들과 대화하면 나도 몰랐던 걸 깨닫기도 한다. 그 외에 일반적인 기자 들과 인터뷰를 하면 대부분 비슷한 질문이 나오고, 같은 답변을 반복하게 된다. "어디서 처음 〈기생충〉의 아이디어를 얻었냐?"는 질문은 하도 많이 들어서, 그런 식의 비슷한 인터뷰들을 하다 보니 정신적으로 황폐해질 우려도 있지만 그렇게 되지 않으려고 애를 쓴다. 데이빗 핀처 같은 감독과도 만나서 이야기도 나누는 게 이 일의 즐거운 부분이고 제정신을 유지하게 도와준다.

관객 입장에서 보면 봉준호 감독은 상업적으로 실패했던 데뷔작 〈플란다스의 개〉 이후로 계속 승승장구하는 것처럼 보인다. 남들은 잘 모르는 좌절의 순간, 고통스러웠던 때가 있었다면 이야기해 달라.

〈괴물〉 때 시각효과 CG와 관련해서 힘든 일이 많았다. 〈옥자〉 때는 이미 경험이 쌓였고 같이 작업하고자 하는 CG 회사도 많았지만, 〈괴물〉 때는 내가 그런 괴물 영화를 만들 수 있다는 걸 증명하면서 다녀야 하는 입장이었다. 형식적으로는 내가 의뢰주이고 외국의 시각효과 회사가 하청업체이지만, 그들의 입장에서는 〈살인의 추억〉이 무슨 영화인지도 잘 몰랐으니까. 한국 회사들은 하지 못한다고 해서 미국이나 유럽 회사들을 만났는데, 그들이 보통 하는 작업의 예산과는 너무나 차이가 나서 애를 먹었던 기억이 난다. 그렇다고 CG 없이 영화를 만들 수도 없는 노릇이고, 영화는 이미 제작 발표돼서 배우들도 기다리는 상황이어서 정말이지 죽고 싶은 심정이었다. 미국의 '오퍼나지'라는 회사와 만나면서 간신히 돌파할 수 있었지만 무척 힘들었던 기억이 난다.

〈플란다스의 개〉 때도 제작이 무산될 뻔했다. 원래 남자 주인공 역으로 다른 배우가 출연하기로 했는데, 촬영 개시 열흘 전에 갑자기 취소가 되어서. 그때 나와 연출부가 울면서 사무실을 정리했던 기억이 난다. 그때 차승재 대표가 이성재라는 좋은 배우를 쓸 수 있는데 대신에 우리 예산을 줄여야 한다고 하셨다. 그래서 순제작비 11억 원을 9억5천만 원으로 줄이고 새 발의 피 같았던 내 연출료도 깎였다. 그렇게 이성재, 배두나, 고수희, 김뢰하를 캐스팅해서 간신히 찍을 수 있었다. (영화를 접으며) 짐을 쌀 때 느껴지는 특별한 기분이 있다. 감독들은 다들 아실 거다. 영화를 오랫동안 준비하다가 책상을 치울 때 밀려오는 쓸쓸함이란. 그래도 다행히 구제가 됐는데 그 후로는 내가 기획했던 영화가 엎어진 적이 없어서 운 좋게 감독 인생을 살아온 것 같다.

〈기생충〉 제작 과정에서 위기는 없었나?

〈기생충〉은 무척 순조롭게 진행됐다. 시나리오도 내 영화들 중에서 가장 짧은 기간, 석 달 반 내지 넉 달 반 동안에 이런 카페와 밴쿠버에서 혼자만의 시간을 즐기며 평화롭게 썼다. 그리고 2년 전인 2017년 12월 연말에 제작사 바른손의 곽신애 대표와 송강호 배우에게 시나리오를 건넨 뒤 일사천리로 진행됐다.

프리프로덕션도 4개월 동안 알차게 진행했는데, 2018년 여름에 기록적인 폭염이 왔다. 하지만 운 좋게도 대부분 세트 촬영이었고, 부잣집 세트에는 냉방 장치를 해놔서 대부분 부잣집 거실로 피신했다. 거기서 에어컨 바람 쐬다 점심 먹고 다시 오후에 촬영하는 식이었다.

또 바른손과 배급사 CJ가 촬영 회차, 예산 면에서 충분한 지원을 해준 덕분에 당초에 계획했던 스케줄과 큰 차이 없이 순조롭게 마무리했다. 후반 작업도 개봉 시기, 칸 영화제 일정과 큰 충돌 없이 여유 있게 끝났다. 뭔가 압박을 받거나 쫓긴 일은 전혀 없었다. 배우들 간의 팀웍도 엄청 좋았다. 나와 홍경표 촬영감독은 〈설국열차〉를 찍으면서 체코에서 사선을 넘은 사이였고 이하준 미술감독 등 다른 스탭들과도 집중력을 갖고 즐겁게 일했다.

배우들 입장에선 비 장면에서 육체적으로 힘들었을 것 같다. 비 장면은 폭염이 오기 전인 6월에 촬영했다. 기택네 가족들이 비 맞으며 밤에 이동하는 장면은 서울의 다양한 곳을 돌면서 여러 날에 걸쳐 촬영했다. 그리고 급기야는 거대한 수조 세트에서 홍수 씬까지 찍어야 해서 육체적 고달픔을 느꼈을 것 같다. 기택네 집과 그 주변 골목 세트를 큰 워터 탱크 안에 만들었는데 미술팀, 특수효과 팀이 준비를 많이 해서 별 차질 없이 촬영을 마쳤다. 촬영 때는 나도 잠수복 입고 배우들과 같이 하루 종일 물에 들어갔다. 화면상에는 더러운 물로 보이지만 진흙 머드팩 같은 걸 풀어놓은 거라서 실제로는 피부에 좋은 물이다. 어쨌든 거길 헤집고 다니며 2~3회차 정도 촬영했던 게 스탭들에겐 가장 큰 고생이었을 것 같다.

〈기생충〉에는 반지하와 지하 공간이 있고 〈살인의 추억〉에는 지하 취조실이 나오며, 〈괴물〉에는 괴물의 은신처가 나오는 등, 봉준호 감독의 작품들에는 어두컴컴한 지하 공간들이 계속 등장한다. 그런 공간을 계속 세팅하는 이유는?

〈기생충〉은 수직적, 〈설국열차〉는 수평적이라는 이야기가 많은데, 〈설국열차〉에서도 마지막에 밑바닥을 열면 아래 공간이 있고 거기에 꼬마애가 있다. 장편 데뷔 이전에 〈지리멸렬〉이라는 단편도 실제로 내가 살던 아파트의 지하실 공간에서 촬영했다. 〈플란다스의 개〉 지하실 장면도 거기서 찍었다.

내가 왜 그럴까? 나 스스로도 한번 돌이켜 봤다. 내가 어렸을 때 대구에서 살다가 초등학교 4학년 때 서울 잠실의 아파트로 이사 왔는데, 어느 날 친구가 탁구를 치자며 데려간 곳이 아파트의 지하실이었다. 먼지가 풀풀 나는 컴컴한 곳에 탁구대가 놓여있었고 거기서 탁구를 쳤을 때의 느낌이 무척 묘했다. 그 지하 공간은 지상의 아파트 가구들과는 다르게 뻥 뚫린 공간으로 쭉 연결돼 있었다. 긴 터널 같은 곳에 주민들이 내다 버린 가구, 가전제품들 중에서 아직 쓸 만한 것들을 경비아저씨들이 주워 자신들만의 휴식 공간을 만들어놓고 쓰더라. 〈지리멸렬〉, 〈플란다스의 개〉에서 그런 모습을 그대로 재현했다. 변희봉 선생님이 지하에 러닝머신을 가져다 놓고 운동하는 것처럼. 중산층이 버린 물건을 지하에서 받아서 또 하나의 가정집처럼 만든 것이 어린 나이에도 무척 상징적으로 보였다.

〈기생충〉에서도 근세가 지하 벙커에 살림살이를 꾸려 놨다. 게다가 거기서 고시 공부를 했던 것 같다. 사법고시가 없어지고 로스쿨로 바뀐 지 오래인데. 그래서 더 서글프다. 에밀 쿠스트리차 감독 영화 〈언더그라운드〉에서 전쟁이 끝난 줄 모르고 지하에 살던 사람들처럼 말이다. 근세 입장에선 '여긴 남의 집 지하실이 아니라 고시원이야'라고 생각하면 사는 게 덜 불편했겠지. 그런 걸 영화에서 다 표현하려 했던 건 아니지만, 미술팀과 상의해서 고시 공부 책들과 근세가 좋아하는 위인들 사진을 가져다 놨다. 그걸 우리끼리는 '근세의 명예의 전당'이라고 불렀는데 농구선수 박찬숙, 김대중 전 대통령, 넬슨 만델라, 마라토너 이봉주, 그리고 근세가 리스펙트하는 박 사장 사진 같은 게 붙어 있다. 또 일부러 양복을 걸어놨는데, 근세가 언젠가는 그걸 입고 지상에 올라가길 기대하는 거다. 슬프게도 그럴 일은 없을 텐데. 이제는 더 이상 그런 걸 안 찍으려 한다. 지하실도 안 찍을 생각이고.

단편영화 〈지리멸렬〉의 첫 번째 에피소드 첫 장면에서도 교수가 계단을 올라가는 장면이 나온다. 계단이 상징적으로 묘사되는 〈기생충〉의 기본 구조가 그때부터 발전되어 온 건 아닌가 싶다.

그 계단 씬을 왜 찍었던 건지 잘 모르겠다. 연세대학교 대강당에서 음대 쪽으로 올라가는 계단인데, 딱히 의미를 부여하려 했던 건 아니고, 인적이 드물고 조용한 곳에서 백일몽을 꾸는 듯한 분위기를 만들고 싶었다. 마침 그 영화를 영상자료원에서 복원을 한다고 해서 최근에 다시 봤는데 되게 이상한 영화더라. 몽롱한 분위기의 도입부가 지난 뒤에 교수가 조교를 자기 교수실로 심부름 보내놓고선, 거기에 도색잡지를 펼쳐놓은 걸 뒤늦게 깨닫고 광란의 질주를 한다. 거기서도 계단을 막 뛰어 올라가는 장면이 나온다. 그걸 찍을 때 계단에 대한 특별한 접근이 있었던 건 아니다.

〈기생충〉은 우리끼리 애초부터 명확하게 '계단 영화'라고 부를 정도였다. 송강호 배우와 이야기할 때 우스갯소리로 "이 영화를 기택의 관점에서 거칠게 압축하면 계단을 올라가려 했던 남자가 계단을 내려가면서 끝나는 이야기다"라고 말하기도 했다. 그렇게 계단을 내려간 아빠에 대해 기우는 "계단만 올라오면 된다. 이 집을 사겠다."고 하지만 불가능해 보이는 일이지. 영화 전체에서 계단이 보이는 샷이 몇 개인지 정확히 세어보이지는 않았는데, 확인해보면 재밌을 거다. 아마도 상당히 많을 거다.

〈살인의 추억〉에서도 취조실 장면에서 지하를 빙 둘러서 내려가는 계단이 나오지 않나.

그 공간은 정식 취조실이 아니라 보일러실이다. 나의 모교인 잠실고등학교의 보일러실을 참고했다. 깊은 지하실과 거길 내려가는 좁고 가파른 계단이 있는 독특한 구조였다. 과거 화성연쇄살인사건 때의 자료들을 보면 지방 경찰서에 취조실이 없어서 용의자들을 여관으로 데려가거나 아니면 형사가 자기 집으로 데려가서 취조하는 등의 일이 있었다. 그런 일환에서 보일러실을 택했다.

〈마더〉에선 계단이 집중적으로 나오진 않지만, 동네 사람들이 다 내려다보이는 옥상에 시체가 마치 빨래처럼 걸려있고, 그 언덕에서 모든 집들이 시체를 내려다보는 듯한 장면이 있다. 마치 아테네의 야외극장 같은 구조의 장소인데, 비가 올 때 김혜자 선생님이 그곳과 맞닥뜨리면서 스토리가 새로운 국면으로 흐르게 된다. 그 장면은 부산 문현동에서 찍었는데 묘한 곳이다. 6.25 때 공동묘지였다가 피난민들이 몰려와서 주택가로 바뀌었다고 하더라. 그곳을 찾기까지 엄청나게 고생했다. 찾다, 찾다 울릉도까지 갔을 정도로 연출부에서 고생 끝에 찾은 곳이다. 울릉도에 가기 전에 제천에서 고물상 할아버지의 집으로 쓸 만한 곳을 발견해서 헛고생까진 아니었지만. 나중에 불타는 고물상 집은 원래는 버려진 옛날 정미소였다.

〈옥자〉는 강원도 산꼭대기에서 시작해서 회현지하상가까지 곤두박질치는 이야기여서 계단보다는 언덕이 많이 나왔다.

미국의 영화팬들은 〈기생충〉을 공포영화로 받아들이기도 한다.

어느 비평가 협회에선 '올해의 베스트 호러 필름'으로 꼽기도 하더라. 반가운 일이라고 본다. 나는 스스로를 장르영화 감독이라고 생각하니까. 〈기생충〉을 호러나 스릴러로 분류하는 것도 환영한다. 문광이 계단을 내려간 뒤 아직 사건이 터지지 않는 1~2분간의 시간이 있다. 충숙은 밖에서 기다리는데 기우는 내려가 보라고 하고 비는 쏴악 내리고 있고. 끔찍한 상황이 아직 공개되기 직전인 그 몇 분 동안을 무척 좋아한다.

2015년에 〈옥자〉 제작 사무실의 계단에서 내려오다가 발을 잘못 디뎌 오른쪽 발목을 겹질러서 발목 골절, 인대 파열을 겪었다. 계단에서 굴러서 엄청 아팠는데도 헛웃음이 나오더라. 그래서 두 달간 휠체어 신세를 졌다. 앞으로는 굴러 떨어지는 거 절대 안 찍을 거다. 지하실도 끝이고 계단도 끝이다.

봉준호 감독의 영화들을 보면, 계단 밑을 내려가면서부터 나오는 지하의 축축한 공간에서 펼쳐지는 이야기들이 대단히 매혹적인데 앞으로 더 안 찍겠다고 하니 좀 섭섭하다.

평생 그것만 하면 되겠나. 할 만큼 했으니 그만 해야지. 〈기생충〉에서 가장 어두운 장면은 기우가 산수경석을 들고 지하로 천천히 내려가는 순간이다. 본인이 모든 사태에 대한 책임이 있다고 느껴서인지는 몰라도, 사람을 죽일 만한 위인도 못되는 녀석이 굳이 돌을 들고 한발 한발 내려간다. 계단 위에서 아래를 내려다보는 기우의 시점 샷이 나온 뒤 돌을 놓치고 만다. 그리고 돌이 먼저 계단을 내려가서 쿵 하고 떨어진다. 그리고 그 돌이 자신을 바라보는 것처럼 나오는데, 누군가를 해하려 했던 기우가 그 순간 오히려 공포의 타깃이 된다. 나는 촬영 전부터 그 장면이 〈기생충〉에서 가장 장르적인 순간일 거라고 예상했다. 나와 홍경표 촬영감독 모두 그 장면을 고대했던 것 같다. 기우가 목에 와이어가 걸린 채 끌려가는 장면 찍을 때 홍경표 감독님께서 신나 하셨다. 최우식 배우는 걱정이 태산 같았지만. 만약 그 장면에서 나오는 공간이 좌우 일직선으로 쭉 뻗어 있는 어두운 벙커가 아니었다면, 기우가 그런 짓을 상상이나 했을까? 그런 공간이었기에 기우가 내려가면서 그런 망상을 했을 것 같고 또 그것이 영화가 가진 공간의 힘이라고 생각한다. 또 피범벅이 된 근세가 그곳에서 미친 듯이 솟구쳐 올라온 뒤, 식칼을 든 채 햇볕이 쨍한 가든파티로 수줍어하며 나아간다. 내가 원했던 그런 장면을 찍었기 때문에 더 이상 (어두운 지하 공간을) 안 찍어도 될 것 같다.

이전 인터뷰에서 〈플란다스의 개〉에서 장래에 부르주아가 될 윤주(이성재)와 서민인 현남(배두나)이 다시 만날 일은 없을 거라고 했다. 그런데 시간이 지나서 연출한 〈기생충〉에서 양극단에 있는 두 가족을 만나게 한 이유가 궁금하다.

〈설국열차〉에서도 크리스 에반스가 기차 앞쪽으로 계속 전진해서 에드 해리스를 만나는데, 그건 SF 장르이고 서양 배우들이라서 우리가 피부로 직접적으로 느끼기엔 거리감이 있었던 것 같다. 〈기생충〉은 처음 아이디어를 떠올렸을 때부터 작정을 하고서 부자와 가난한 집 이야기를 하려고 했다. 실제 우리 주변에 있을 법한 부자 친구, 가난한 친척들의 이야기처럼 적나라하게 말이다.

〈플란다스의 개〉의 현남이 시간이 흘러서 〈기생충〉의 충숙처럼 될 수 있고, 또 시간강사였던 윤주가 IT 벤처를 차렸다면 박 사장처럼 됐을 수도 있다. 그들을 마침내 만나게 하고 싶었는데, 이번엔 그 만남의 양상이 더 복잡하다. 더 가난한 사람이 나오고, 또 만남 자체가 서로의 냄새를 맡을 수 있을 정도로 초 민망한 만남이다. 가정교사, 가정부, 운전기사로서 만나는데 부자가 가난한 사람의 냄새를 맡을 정도로 접촉할 수 있는 건 사실 그 정도의 직업밖에 없다. 평소에 양쪽의 동선이 완전히 다르니까. 그런 관계에 대해서 부자들은 무척 이중적인 태도를 취한다. 자기가 운전하면 되고, 자기가 직접 설거지를 해도 되지만 그러기 싫어서 남의 노동력을 돈으로 사는 거다. 또 남에게 시키려면 선을 넘어서 자기 쪽으로 가까이 오게 해야 한다. 물리적으로 가까워지는 게 부담스럽지만 직접 하긴 싫어서 어쩔 수 없이 가까이 오게 했는데, 그럼에도 정신적, 심리적으로는 그들과의 사이에 벽이 있기를 바란다. 때문에 영화에서 박 사장이 계속 선 이야기를 하는 거다.

〈기생충〉을 처음 구상했을 때, 대학 동기들 중에서 특히 잘사는 동기에게 물어본 적이 있다. 집에 자녀의 과외 선생, 운전기사, 가정부가 있냐고 물었더니 그렇다고 하더라. 그래서 '만약 그들이 한 가족이라면 기분이 어떻겠어?'라고 했더니 갑자기 "아악!"하고 비명을 지르더라. 그 반응을 보고 이야기가 효과적이겠다 싶었다. 그런 사람들이 자기 집에 와서 각자 열심히 일 해주는 건 좋지만, 사실은 한 가족인 걸 알게 되면 엄청난 알레르기 반응을 일으키는 것 같았다.

처음에는 〈기생충〉을 부잣집의 관점에서 이야기를 전개시킬 생각도 해봤다.

지금은 가난한 기택네의 관점에서 부잣집으로 침투하는 과정인데, 그걸 반대로 뒤집으면 평온한 부잣집의 일상에서 시작돼서 정체를 감춘 사람들이 하나씩 고용되어가는 식으로 불온한 스릴러나 호러가 됐을 것 같다.

〈기생충〉에서의 계단은, 봉준호 감독이 많은 영향을 받았다고 밝힌 김기영 감독의 〈육식동물〉 같은 작품이나 60~70년대 한국영화 속 양옥집의 구조와 많이 비슷한 것 같다. 또 클로드 샤브롤 감독의 〈의식〉에서 계급 구조를 강조하기 위해 쓰인 계단 장면들도 많이 떠오른다.

언급한 감독들을 아주 좋아한다. 〈의식〉은 프랑스에서 1900년대 초에 있었던 파팽 자매 사건을 현대적으로 변용한 영화다. 자매였던 하녀 둘이 갑자기 주인 가족을 잔인하게 몰살시킨 충격적인 사건이다. 〈기생충〉 시나리오를 쓸 때 그 사건에 대해서도 많이 찾아봤다. 김기영 감독님의 〈육식동물〉은 〈충녀〉의 리메이크인데, 〈충녀〉에서 지하실 장면의 충격적인 비주얼에서 받은 인상이 잔상으로 많이 남아 있다. 김기영 감독님의 영화들의 시대 배경이 보통 60~70년대인데 그 시절에는 집에 계단이 있다는 것 자체가 엄청난 자랑거리였다. 부자라서 이층 양옥집에서 산다는 뜻이니까. 요즘은 계단이 그런 부의 상징까진 아닌 것 같다. 주상복합이 더 많이 언급되는 편이고 대신에 계층 간의 사다리라는 표현이 많이 쓰인다. 어쨌든 계단, 사다리라는 개념적인 용어는 살아 있기 때문에 그걸 시각화해서 보여주고 싶었다.

　또 계단이란 것 자체가 수직, 수평면이 맞물려져 있기 때문에 거기에 빛을 떨어뜨릴 때의 느낌이 좋다. 계단을 위에서 내려다 볼 때와 밑에서 올려다 볼 때 달라지는 느낌 등, 계단 자체에 드라마틱한 힘이 있는 것 같다. 〈복수는 나의 것〉에서 공사 중인 건물의 계단의 옆 단면의 모습이 보였던 게 인상적이어서, 〈기생충〉의 부잣집 계단도 일부러 단면이 보이도록 미술감독과 상의해서 만들었다. 로만 폴란스키 감독의 〈유령작가〉에 나온 집도 많이 참고했다. '텅 비어 있음'이 핵심이 영화여서 그런지 미니멀하게 설계된 계단이 나온다.

　루이스 부뉴엘의 〈어느 하녀의 일기〉에 등장하는 하녀는 주인의 재산을 훔칠 때 그걸 범죄라고 생각하지 않고 자기가 당연히 가져야 되는 것처럼 여긴다. 〈기생충〉과 관련된 인터뷰에서 종종 언급되는 조셉 로지의 영화에서도 "사람이 굶지 않기 위해선 훔칠 권리도 있다"라는 전복적인 대사도 나온다. 〈기생충〉에 나오는 두 가장의 태도가 그런 사상의 사이에 있지 않나 생각한다. 한 사람은 박 사장을 무조건적으로 존경하고, 다른 한 사람은 박 사장에게 해를 끼쳤음에도 그것을 범죄로 여기지 않는다.

　〈괴물〉에서 이재응 배우가 하는 대사 중에서 "이건 도둑질이 아니라 서리야.

서리는 가난한 자들의 특권이야'라고 했던 게 그와 비슷한 맥락인 것 같다. 〈기생충〉에 나오는 가난한 가족들은 상당히 뻔뻔하고 또 자기 정당화에 있어서 천재적이다. "저 내년에 이 대학 갈 거거든요." 같은 대사처럼. 사기를 치면서도 본인들은 사기를 친다는 죄의식을 가지지 않는다. 한편 그들은 부자에 대한 일말의 적개심도 갖고 있지 않다. 박 사장네서 비싼 물건을 훔치려고 들지도 않는다. 열심히 일한 만큼 돈을 받을 뿐. 한 가족이란 걸 숨긴 것과 명문대생을 사칭한 것을 빼면 그들이 아주 나쁜 짓을 했다고 볼 수는 없다. 기택이 박 사장을 죽인 뒤에도 바로 3초 만에 후회하고서 미안하다며 운다.

영화 전체가 사실은 가난한 자들끼리의 싸움에 할애돼 있다. 그게 사실 우스꽝스런 비극이자 블랙코미디다. 근세와 문광은 같은 불우이웃끼리 연대하자고 하지만, 기택과 충숙은 '너희는 지하고 우리는 반지하다'라며 그들과 분리하려 한다. 반지하에서 완전한 지하로 내려가는 것에 대한 공포 때문에 더 적대적으로 행동한 것 같다. 클라이맥스에서 기택이 박 사장을 칼로 찌르는 그 순간만 빼면, 사실은 가난한 사람들끼리 격렬하게 싸운 셈이다. 가난한 사람들, 약자들끼리의 연대가 없다는 것이 씁쓸하지만 그것이 우리 시대의 적나라한 모습이라고 생각했다. 서로 힘을 합치기에는 너무 복잡해진 시대가 된 거다.

현실적인 블랙코미디로는 〈플란다스의 개〉 이후 거의 20년 만에 원점으로 돌아온 셈이다. 다만 결말에 있어서 〈플란다스의 개〉, 〈설국열차〉 같은 영화들보다 〈기생충〉이 더 우울하게 다가왔다. 엔딩 직전에 판타지처럼 희망적인 장면을 보여준 뒤에 다시 반지하의 냉혹한 모습으로 마무리했는데, 20년 동안에 바뀐 현실이 더 우울하게 느껴졌기 때문인가?

그 점을 매 순간 의식하면서 영화를 만든 건 아니지만 돌이켜 보면 20년 전보다 더 나빠졌다고 생각한다. 〈플란다스의 개〉에는 IMF의 흔적이 있다. 1997년에 IMF가 터진 뒤, 98년에 시나리오를 쓰고 99년에 촬영한 영화였다. 흔히 IMF가 이후의 한국 사회를 규정한 가장 큰 사건이라고 하는데, 그것이 20년 간 고착화된 모습의 가장 적나라하고 슬픈 풍경이 〈기생충〉이라고 한다면 딱히 부인하고 싶지 않다.

〈플란다스의 개〉에선 현남이 관리소에서 해고되긴 했지만 햇살이 쏟아지는 숲에 있고, 윤주는 숲과 햇살로부터 차단되며 끝난다. 지금 보면 너무 직접적인 연출이라서 민망하지만 〈기생충〉의 엔딩도 그것의 반복인 것 같다. 기택이 계단을 올라와서 마루를 가로질러 기우를 껴안으려 할 때 햇살이 엄청나게 쏟아지는데, 일부러 그렇게 되도록 의도해서 세트를 만들었다. 이어서 카메라가 하강하면 겨울밤 반지하에 있는 기우의 모습이 보인다. 〈플란다스의 개〉의 마지막처럼 햇빛과 어둠의 충돌로 그렸음에도 답답하고 슬픈 결말이 된 건 요즘 시대에 대한 솔직한 표현이다. 굳이 불편함을 의도한 건 아닌데, 불편함을 피하기 위해 꿀이나 설탕 같은 걸 바른다면 관객들이 더 화를 낼 거라고 생각해서 솔직하게 마무리 지으려 했다.

봉준호 감독의 영화에서 과도한 모성애를 보여준 〈마더〉를 제외하고는 어머니 존재가 나오지 않았다. 그러다가 이번 〈기생충〉에서 현실적인 어머니 캐릭터들이 등장했다. 20년 만에 보통의 어머니들을 보여주게 된 이유가 궁금하다.

내가 아직 영화를 7편 밖에 못 찍어서 그렇다. 되짚어 보니 엄마가 없긴 없었다. 〈괴물〉 때는 의도적으로 엄마를 뺐다. 두 세대에 걸쳐서 엄마라는 존재가 없어야만 가족들이 멍청해질 테니까. 보통의 경우 가족 구성원 중에서 엄마가 가장 스마트하고 현실적인데, 가족들이 좌충우돌 멍청한 짓을 저지르려면 엄마가 없어야 한다. 엄마가 있었다면 그런 행동들을 안 했겠지.

〈기생충〉에선 넓게 보면 세 엄마가 등장한다. 문광이 마치 근세의 엄마처럼 행동하니까. 젖병으로 먹이는 장면도 그렇고. 한편으로 자세히 들여다보면 엄마들한테 약간씩 이상한 구석들이 있다. 연교가 아들에게 집착을 하지만 영화 전체에서 아들 다송을 안아준다거나 뽀뽀하는 등의 스킨십은 전혀 하질 않는다. 그건 일부러 의도했던 부분인데, 실제로 엄마 역할을 해줬던 건 문광이다. 때문에 문광이 해고됐을 때 다송이 외롭게 보이도록 촬영했다. 충숙은 흔히 보이는 터프한 아내 같지만, 술 취했을 때 "돈이 다리미야. 구김살을 쫙 펴줘. 나한테 돈이 있으면 더 착했어" 같은 대사를 들으면 굴절된 멘탈을 갖고 있음을 알 수 있다.

03.

필모그래피

〈프레임 속의 기억들〉(Memories in My Frame)

1994, 5분, 한국

제작: 한국영화아카데미

〈백색인〉(White Collar)

1994, 18분, 한국

제작: 제갈용

출연: 김뢰하, 안내상, 김성원, 김대엽

각본: 이병훈, 봉준호

촬영: 유승호

〈지리멸렬〉(Incoherence)

1994, 30분, 한국

제작: 영화진흥공사, 한국영화아카데미

출연: 임상효, 윤일주, 신동환, 김선화, 김뢰하

각본: 봉준호

촬영: 조용규

편집: 봉준호, 정선영

음악: 안혜숙

미술: 조용삼

〈플란다스의 개〉(Barking Dogs Never Bite)

2000, 106분, 한국

제작: 우노필름

출연: 이성재, 배두나, 김호정, 변희봉, 고수희

각본: 봉준호, 손태웅, 송지호

제작자: 차승재

프로듀서: 조민환

촬영: 조용규

편집: 이은수

음악: 조성우

배급: 시네마서비스

부산영화평론가협회상 여우조연상(김호정)

청룡영화상 여자신인상(배두나)

홍콩국제영화제 국제영화비평가연맹상

뮌헨국제영화제 신인감독상

〈살인의 추억〉(Memories of Murder)

2003, 131분, 한국

제작: 싸이더스

출연: 송강호, 김상경, 김뢰하, 송재호, 변희봉

원작: 김광림

각본: 봉준호, 심성보

제작자: 차승재, 노종윤

프로듀서: 김무령

촬영: 김형구

편집: 김선민

음악: 이와시로 타로

배급: CJ엔터테인먼트

청룡영화상 촬영상

영평상 작품상, 감독상, 남우주연상(송강호)

도쿄국제영화제 아시아영화상

산세바스티안국제영화제 최우수감독상, 신인감독상

〈싱크 & 라이즈 - 디지털 단편 옴니버스 프로젝트 이공〉(Sink & Rise)

2004, 6분, 한국

제작: 디지털 단편 옴니버스 프로젝트 〈이공〉 제작팀

출연: 변희봉, 윤제문, 정인선

촬영: 제창규

배급: 프로젝트그룹

〈디지털 삼인삼색2004: 인플루엔자〉(Digital Saminsamsaek 2004: Influenza)

2004, 28분, 한국

제작: 전주국제영화제

출연: 윤제문, 고수희

각본: 봉준호

프로듀서: 조능연

촬영: 김병정

편집: 이문호

음악: 이옥희

〈괴물〉(The Host)

2006, 119분, 한국

제작: 영화사청어람

출연: 송강호, 변희봉, 박해일, 배두나, 고아성

각본: 봉준호, 하준원, 백철현

제작자: 최용배

프로듀서: 조능연

촬영: 김형구

편집: 김선민

배급: 쇼박스(주)미디어플렉스

백상예술대상 작품상

청룡영화상 작품상, 남우조연상(변희봉), 여자신인상(고아성),

기술상(EON, 오퍼니지), 조명상(이강산, 정영민)

시체스국제판타스틱영화제 시각효과상(장휘철)

아시아영화상(봉준호)

아시아—태평양영화제 남우조연상(변희봉),

편집상(김선민), 음향상(봉준호)

〈도쿄!〉(Tokyo)

2008, 111분, 프랑스 · 한국 · 독일 · 일본

제작: Comme des Cinemas Bitters, 스폰지

연출: 봉준호, 미셸 공드리, 레오 까락스

출연: 아오이 유우, 카가와 테루유키, 다케나카 나오토, 카세 료, 후지타니 아야코

각본: 봉준호, 미셸 공드리, 레오 까락스

촬영: 카롤린느 샹페띠에, 준 후쿠모토, 이노모토 마사미

편집: 넬리 퀘티어

음악: 에띠엔 섀리, 이병우

미술: 하라다 미츠오

배급: 싸이더스FNH

〈마더〉(Mother)

2009, 128분, 한국

제작: 바른손

출연: 김혜자, 원빈, 진구, 윤제문, 전미선

각본: 봉준호, 박은교

제작자: 문양권

프로듀서: 서우식, 박태준

촬영: 홍경표

편집: 문세경

배급: CJ엔터테인먼트

대종상영화제 남우조연상(진구)

청룡영화상 최우수작품상, 남우조연상(진구), 조명상(최철수, 박동순)

영평상 최우수작품상, 각본상(봉준호, 박은교), 여자연기상(김혜자)

LA비평가협회 최고여배우상(김혜자)

칸국제영화제 주목할만한시선 부문

〈설국열차〉(Snowpiercer)

2013, 125분, 한국

제작: 모호필름, 오퍼스픽쳐스

출연: 크리스에반스, 송강호, 에드 해리스, 존 허트, 틸다 스윈튼

원작: 자크 로브 뱅자맹 르그랑, 낭 마르크 로셰트

각본: 봉준호

제작자: 이태헌, 박찬욱

프로듀서: 박태준

촬영: 홍경표

편집: 최민영, 김창주

미술: 앙드레 넥바실

배급: CJ엔터테인먼트

대종상영화제 편집상(최민영, 김창주), 미술상(앙드레 넥바실)

백상예술대상 감독상

청룡영화상 감독상, 미술상

영평상 최우수작품상, 감독상, 촬영상(홍경표)

아시아-태평양영화제 편집상(김창주, 최민영)

〈옥자〉 (Okja)

2017, 120분, 한국 · 미국

제작: 플랜B엔터테인먼트, 루이스 픽처스, 케이트 스트리트 픽처 컴퍼니

출연: 안서현, 변희봉, 틸다 스윈튼, 폴 다노, 스티븐 연, 윤제문

각본: 봉준호, 론 존슨

제작자: 최두호, 디디 가드너

기획: 테드 사란도스, 브래드 피트

촬영: 다리우스 콘쥐

음악: 젬마 번즈, 정재일

편집: 양진모, 한미연

미술: 이하준, 케빈 톰슨

배급: ㈜NEW

제공: 넷플릭스

영평상 국제영화비평가연맹상

칸국제영화제 경쟁부문

〈기생충〉 (Parasite)

2019, 132분, 한국

제작: 바른손이앤에이

출연: 송강호, 이선균, 조여정, 최우식, 박소담, 이정은

각본: 봉준호, 한진원

제작자: 곽신애, 문양권

프로듀서: 장영환

촬영: 홍경표

조명: 김창호

편집: 양진모

음악: 정재일

미술: 이하준

배급: CJ엔터테인먼트

영평상 국제영화비평가연맹상

대종상영화제 최우수작품상, 감독상, 여우조연상(이정은),

시나리오상(봉준호, 한진원), 음악상(정재일)

백상예술대상 대상, 작품상, 남자신인연기상(박명훈)

청룡영화상 최우수작품상, 감독상, 미술상(이하준),

여우주연상(조여정), 여우조연상(이정은)

영평상 최우수작품상, 감독상, 촬영상(홍경표)

칸국제영화제 황금종려상

아카데미시상식 작품상, 감독상, 각본상, 국제장편영화상

전미비평가협회상 작품상, 각본상

LA비평가협회상 작품상, 감독상, 남우조연상(송강호)

골든글로브시상식 외국어영화상

뉴욕비평가협회상 외국영화상

로테르담국제영화제 관객상

토론토국제영화제 관객상